The Most Commonly Asked Questions
About
A COURSE IN MIRACLES

赦しのカリキュラム

奇跡講座について最もよく聞かれる72の質問と答え

ケネス・ワプニック／グロリア・ワプニック 著
澤井美子 訳　加藤三代子 監修

CHUO ART PUBLISHING CO., LTD.
中央アート出版社

THE MOST COMMONLY ASKED QUESTIONS ABOUT
A COURSE IN MIRACLES
by Gloria Wapnick and Kenneth Wapnick, Ph.D.

This translation published by arrangement with
The Foundation for A Course in Miracles
Through The Chuo-Art Publishing Co.,Ltd.

まえがき

本書は、一九七六年に『奇跡講座』が出版されて以来、このコースを学ぶ人々から最もよく尋ねられてきた質問群にお答えすることを目的としています。私たちが『奇跡講座』を教えてきた多くの年月を通して明らかになってきたのが、このコースの急進的なメッセージは、しばしば多くの混乱や誤解や歪曲を引き起こしてきたということです。このような質疑応答の形を通して、本書が『奇跡講座』の教える原則を解明する一助となり、その思考体系のより深い理解と実践に役立つことを願っています。

質問群は五つのカテゴリーに分けられ、「天国とは」、「分離とは」、『奇跡講座』の応用と実践」、「イエス」「『奇跡講座』のカリキュラム」という五つの章を構成しています。

これらの多くの質問を系統立てて編纂するために尽力してくださった「『奇跡講座』のための財団（FACIM）」のスタッフや友人たち、多くの年月にわたり、こうした質問を寄せてくださった皆さまに感謝いたします。

グロリア ＆ ケネス ワプニック

もくじ

◉ 凡例

１．〈 〉の使用：『奇跡講座』には独特の概念を示す語句がいくつも使われているため、それらを訳出した言葉は、文字通りの意味に解釈されないように〈 〉に入れてある。たとえば、〈特別な関係〉、〈正しい心〉、〈間違った心〉など。

２．本文中の［ ］は著者による説明

◉ 引用文献

『奇跡講座 テキスト編』、『奇跡講座 ワークブック編』、『奇跡講座 マニュアル編』（いずれも 中央アート出版社刊）

◉ 引用表記について

本書においては『奇跡講座』の文章が数多く引用されており、それらの出典を示すために、以下のような引用表記法が用いられている。

引用表記に使われている略語

T：　「テキスト」
W：　「受講生のためのワークブック」
M：　「教師のためのマニュアル」
C：　「用語の解説」
P：　『精神療法』
S：　『祈りの歌』
pI：　第一部（ワークブック）
pII：　第二部（ワークブック）
In：　序文
r：　復習（ワークブック）
FL：　最後のレッスン（ワークブック）
Ep：　エピローグ

表記例と読み方

T-26.IV.4:7　:「テキスト」二十六章、セクションⅣ、段落４、文章７
W-pI.169.5:2　:「受講生のためのワークブック」第一部、レッスン 169、段落５、文章２
M-13.3:2　:「教師のためのマニュアル」、質問 13、段落３、文章２
C-6.4:6　:「用語の解説」、セクション６、段落４、文章６
P-2.VI.5:1　:『精神療法』二章、セクションⅥ、段落５、文章１
S-2.II.7:7　:『祈りの歌』二章、セクションⅡ、段落７、文章７

第一章　天国とは

質問1．神とは、どういう性質のものでしょうか？

まずはじめに、『奇跡講座』の中で語られている真の生ける神とは一元的な実存であり、神の中には対極を成すようないかなるものも存在しない、と認識することが肝要です。この聖なる存在《もの》は、すべての生命《いのち》の創造主であり、純粋な愛からなる実存であり、非物理的な実相と全体性の第一原因にして源です。すべてを包括する完全無欠な一なる存在《もの》であり、存在する一切ですから、その外側には文字通り何もありません。私たちの源の本質は、言葉にすることも、真に理解することも不可能であり、「ワークブック」の中で、イエスが次のように述べているとおりです。

一体性とは、簡潔に言うなら、「**神**、在り」という概念である。そして**神の実存**のうちに、**神**はあらゆるものを包含する。心の中には**神**以外に何もない。私たちは「**神**、在り」とだけ言って、その後は口をつぐむ。なぜなら、その智識の中では言葉は無意味だからである。それを語る唇はなく、心の中には、今自分が自分以外の何かを自覚していると感じるほどに、ほかの部分から区別された心の一部分というものもない。心はその**源**とひとつに結ばれている。そしてその**源自体**と同様に、それはただ在るのみである。

私たちは、このことについて語ることも書くこともできず、考えてみることすらまったく不可能である。〔W-pI.169.5:1-6:1〕

イエスは、神および神の一体性の本質について書き表すことはできないと述べているのです。なぜなら、それは純粋に一元的な実相であり、語られたり書かれたりする言葉というものは、分裂した心の思考を表現している二元的なものだからです。したがって、一元性を言葉で表そうとする試みはどれもみなうまくいかず、あらゆる表現を超えて存在する一体性という実相を表すには不十分とならざるを得ません。繰り返しますが、それはただ在るのみです。ですから、私たちには、せいぜい、自分たちの言葉は「象徴の象徴」であり、「したがって、言葉は、実相からは二重に隔てられている」

〔M-21.1:9-10〕ということを常に心に留めながら神について描写することしかできません。

質問2．実相とは、どういう性質のものでしょうか？

『奇跡講座』が定義する実相とは、物理的な領域や次元や経験のことではありません。神により神と同じに創造された実相は、形をもたず、不変にして永遠かつ無限なる愛であり、限界のない統一された完全無欠性であり、一元的な一体性だからです。このコースにおける実相は、天国の同義語であり、明らかに、この世界が現実と呼ぶ形態の宇宙とは何ら関係ありません。不変であるため、真の現実である実相は恒久にして不動のものです。そこにおいては、変化を意味する分離という想念は不可能であり、一度も存在したことはありません。一元的な状態として、実相は知覚を超越しています。知覚は、本質的に二元的で実在し得ない主客という二極性を前提としているからです。『奇跡講座』においては、実相はまた、実存の状態すなわち天国を意味する智識とも同義です。

「テキスト」の終わり近くの「不変なる実相」というセクションに見られる以下の一節は、実相の本質についてのすばらしい要約となっています。

実相は不変である。このことが実相を実在するものとし、すべての外観から隔てている。実相が実相であるためには、あらゆる形態を超越していなければならない。それが変化することはあり得ない。

奇跡とは、「すべての外観は、まさに外観であるからこそ変化し、実相が伴うべき不変性をもち得ない」と実証するための手段である。・・・

実相は不変である。奇跡は、あなたが実相と自分の自覚との間に挿入したものは実在せず、何の妨害にもならないことを目前に示すだけである。〔T-30.VIII.1:6-2:1;4:1-2〕

質問３．生命《いのち》とは、どういう性質のものでしょうか？

『奇跡講座』においては、神が創造した生命《いのち》は、私たちが肉体の中の生命と呼んだり理解したりしているものとは無関係です。生命《いのち》とは霊であり、物質でも二元的なものでもなく、永遠なるものです。このコースの中で、生命《いのち》の本質について――生命《いのち》であるものと生命《いのち》ではないものについて――おそらく最も明確に述べられている箇所は、「テキスト」二十三章の「混沌の法則」というセクションからの以下の一節でしょう。この迫力ある一節は、私たちが肉体を賛美崇拝していることを巧みにやわらかく揶揄するところから始まっています。

骸骨の上にばら色の唇を描き、麗しい衣装を着せ、かわいがり、甘やかせば、それを生かせるというのだろうか。そして、あなたは自分が生きているという幻想で満足できるのだろうか。

天国の外に生命《いのち》はない。生命《いのち》は、**神**が生命《いのち》を創造した場所にあるはずである。天国から離れた状態においては、生命《いのち》は幻想である。最善の場合でも、それは生命《いのち》のように見えるだけであり、最悪の場合は、死のように見える。しかし、そのどちらも、生命《いのち》ではないものに下した判断であり、不正確で意味がないという点においては同じである。天国の中にない生命《いのち》はあり得ず、天国の中にないものはどこにも存在しない。天国の外にあるのは、幻想同士の葛藤だけであり、それは無意味で、不可能で、すべての理性を超

えるものであるが、それでも天国に対する永遠の防壁として知覚されている。幻想とは
形態にすぎない。その内容は決して真理ではない。〔T-23.II.18:8-19:9〕

こうして、生命《いのち》とは、キリストの心と神の心とが一なるものである天国における、自らの源との一体性であるということが、丁寧に説明されています。基本的に、生命《いのち》、霊、一なる心は互いに同義語をなしており、いずれも無形性、不変性、そして永遠の生命《いのち》という特徴を共有しています。この世界の中にいる私たちが、肉体の中の生命であると認めているもの、たとえば、脳波や心臓の鼓動などは、『奇跡講座』が生命《いのち》と呼んでいるものとは明らかに違っています。実際のところ、「ワークブック」のレッスン一六七の主題は「一なる生命《いのち》があり、それを私は**神**と共有している」となっています。したがって、私たちが生命として、つまり物理的、心理的生物として経験しているものは、私たちの真の自己の、すなわち神により真の生命《いのち》として創造されたキリストの、まがいものやパロディだということです。『奇跡講座』の中で、生命《いのち》がどのように捉えられているかを理解することは重要です。さもなければ、このコースの一元論的教義を理解するにおいても、それを自分たちの人生に応用するにおいても、受

講生たちは混乱に陥ってしまうことでしょう。

質問4．『奇跡講座』の中の神は聖書の中の神と同一なのでしょうか？

『奇跡講座』の中でイエスは、はっきりと神はこの世界を創造しなかったと述べています。ですから、この点だけをとっても、このコースにおける神は、ユダヤ教やキリスト教の神とは著しく異なっています。聖書の神は、物質的な宇宙を、言葉を語ることにより創造する二元的な創造主です。それは、「創世記」が創造について最初に説明している箇所に、「神は、『・・・在れ』と言われた」と記されていることからも伺えます。そうすると、この世界やすべての被造物が、神の外側に存在する分離した存在《もの》として誕生したことになります。したがって、事実上、聖書の神は、一つの想念あるいは概念を神自身の外側に投影することによって創造を行います。そして、やはり「創世記」中の創造の物語に見られるように、投影されたそれは、そこで一つの物理的な「現実」となります。

けれども、この二つの神の間には、さらに奥深い区別があります。聖書の神は、罪が実在すると見ている非常に人格的な存在であり、したがって罪に対し応答せざるを得ません。まず最初は、懲罰により、その次に、贖罪の計画により応答するわけですが、この贖罪においては、救済と赦しは、神の聖なる僕《しもべ》（『旧約聖書』イザヤ書「受難の僕《しもべ》」）と神の唯一の御子であるイエス（『新約聖書』）の受難と犠牲を通して勝ち取られます。他方で『奇跡講座』における神は、人格神ではなく、人類がもつような性質は全くもっていません。この神は、分離（『奇跡講座』においては、聖書の原罪に相当する概念）のことなど知るよしもなく、それに対応することなどしませんし、できません。

したがって、『奇跡講座』の神は、伝統的な宗教における神とは違っていますし、もちろん聖書の神とは違っています。真理においては、私たちの源は、すべての概念や神人同形論を超えたものであり、聖書の神とは何ら共通するところがありません。聖書の神は、自我の思考体系とつながりのある〈特別な愛〉（すなわち選民をもつ神）や〈特別な憎悪〉（すなわち懲罰の神）に相当するあらゆる属性をもっています。前にも触れた「テキスト」二十三章の「混沌の法則」というセクションには、以下のように、この聖書の神についての赤裸々な描写が見られます。この神は罪を実在のものと見なしており、それゆえこの神が自我を起源としていることがわかりますし、更に言えば、この聖書という本を書いた人たちの自我を起源としていることが伺えます。

混沌の法則の根底をなす傲慢さが、ここに最も明白に表れている。ここにあるのは、実相の**創造主**とはいかなるものであるべきかを定義しようとする原理である。それは、**創造主**は何を考え、何を信じるべきか、そしてそう信じているのならどう応答すべきかを、定義しようとする。**神**の信念として設定されたことが真実かどうか、**神**に尋ねることさえ必要とは見なされていない。**神の子**は**神**にそれを指図でき、**神**には、**神の子**の言葉をそのまま受け入れるか、さもなければ間違いを犯すという選択しかないことになる。・・・というのも、**神**が間違うことがあり得ないのなら、自分が何であるかについての**神の子**の信念を**神**は受け入れているはずであり、それゆえに、**神**は**神の子**を憎悪せざるを得ない、ということになるからである。

このような三番目の原理によって、**神**に対する恐れがいかに補強されるかを理解しなさい。今や、不幸の中で神に助けを求めることは不可能となる。なぜなら、**神**はその不幸を生じさせた「敵」となっており、その**神**に訴えても無駄だからである。・・・そして今や、葛藤は避けられず、**神**の助けのおよばないものとなる。というのも、**救済者**が敵となってしまったので、救済はいつまでも不可能なままとならざるを得ないからである。

そこには解放も脱出もあり得ない。こうして、贖罪は神話と化し、赦しではなく復讐が**神の意志**となる。このすべてが始まった場所からは、真に助けになる助力が訪れる見込みはまったくない。そこから生じるのは、破壊のみである。そして**神ご自身**が、**神の子**を打ち負かすために、破壊勢力の味方についているように見える。〔T-23.II.6:1-4;6; 7:1-3,5-6; 8:1-5〕

これは、あきらかに、分離を信じる者たち全員の心の中に存在する、典型的な自我の神を描写しているだけでなく、旧約と新約の両聖書の中に迫力をもって表現されている神についての描写でもあります。要点を繰り返すなら、この神は、罪の実在性と懲罰による贖罪を信じている人格神であり、そうした贖罪の主要な構成要素 ― 苦しみと犠牲 ― が、救済や救いの大いなる計画となります。そして、『奇跡講座』が教えているように、一旦、分離の信念に何らかの実在性が付与されたなら、間違った心の状態である自我の思考体系においては、自我の神が復讐者として知覚されることは避けられません。これは、罪、罪悪感、恐れという自我の「非神聖な三位一体」を反映することになります。つまり、自我の思考体系は、分離を達成されたものと断定し、それを罪と呼びます。そのあとに、心理的な罪の体験が続き、罪悪感が生まれます。そうなると、自我の神は懲罰を要求するわけですが、前記引用文中に見たとおり、これが恐れの起源です。そして、こうした狂気のすべての後ろには、真の愛の神が存在し続けているのです。それは、眠っている神の子たちの心が悪夢からさめて、彼らが一度も後にしたことのない神ご自身の元へと戻ってくるのを、ただ「待っている」神です。

質問５．神が一つの人格ではないのなら、なぜ、神はあのような形で描写されているのですか？　これでは混乱します。

この質問は、『奇跡講座』を学ぶ人々にとって非常に重要な「このコースの比喩的な言葉遣い」というテーマの核心に触れるものです。それは、人々がこのコースの教えていることを理解する際にも、その原理を自分たちの日常に適用する際にも、大きな誤解を招く源泉となっています。『奇跡講座』が用いている言語は、明らかに二元的、象徴的、比喩的なものですが ― 実際のところ、それはすべての言語に不可避のことですが ― このコースの中には、イエスが、彼の生徒たちがこのコースの教えている真理を理解することができるように、幻想の言語（すなわち二元論）を用いなくてはならない、と説明している箇所がいくつもあります。例えば彼は、「新しく生まれたばかりの神聖な関係」という文脈において、次のように述べています。

あなたがこれまで受け取って理解できなかった多くのメッセージの中で、このコースだけはあなたに理解されやすく、理解可能なものである。これはあなたの言語である。あなたはまだそれを理解していないが、その唯一の理由は、あなたのコミュニケーション全体が嬰児《みどりご》のそれに似ているからである。嬰児が発する音や聞き取る音は、きわめて当てにならないものであり、その子にとってそれらはその時々で異なったことを意味している。彼が聞く音も、見る光景も、まだ安定していない・・・

しかし、ほんの少し前に非神聖な関係から再生したばかりの神聖な関係は、それに置き替わる以前にあった古い幻想よりもはるかに往古からのものではあるが、再生した今はまだ嬰児のごときものである。それでもなお、この幼児の中で、あなたの心眼《ヴィジョン》があなたに戻されるのであり、彼はいずれあなたが理解できる言語を話すことになる。〔T-22.I.6:1-5;7:2-3　7:3 における傍点は著者による〕

私たちはみな、ここで言われているのと同じような必要を経験したことがあるはずです。子供たちと話す時、私たちは、子供たちの理解のレベルにふさわしい言葉や概念を使用します。そのとき、私たちの話の形態は必ずしも文字通りの真実ではないかもしれませんが、その内容をなしている私たちの愛情や助けになりたいという欲求は、真に純粋なものです。

もう少し後の方でもイエスは、キリストの一体性が私たちの分離した心の中から私たちに教えるといったことについて語りながら、同じことを述べています。

あなたが自分は分離していると信じているので、天国もまた、あなたに対しそれ自体を分離したものとして提示する。それは、真理においてそうであるということではなく、真理につながるようにとあなたに与えられている絆が、あなたが理解しているものを通して、あなたに到達できるようにするためである。……。だが、その存在〔一体性〕は、この心が自分が存在していると考える状況〔分離という二元的な状態〕の中で、この心に理解できる言語を使用しなければならない。そして**その存在**は、幻想を真理のもとへ運ぶためにすべての学びを活用しなければならず、あなたの本性についての虚偽の考えのすべてを取り上げてそれらを超え、まさにそれらを超越した真理へと、あなたを導いていかなければならない。〔T-25.I.5:1-2; 7:4-5　傍点および〔〕内の説明は著者による〕

すでに見てきたように、私たちの創造主であり源である神が真にどのようなものであるかを私たちに伝えるすべはないので、イエスは神話や比喩といった言語に頼らざるを得ません。これらは、肉体と同一化している私たちが、理解することのできる象徴です。ですから、『奇跡講座』においては、神は一つの肉体的存在として言及されていますが、これは、肉体をもたない神というものを私たちは考えることすらできないからです〔T-18.VIII.1:7〕。神は「父」と呼ばれ、腕や手や声を有し、孤独感や不完全さといった感覚をもつ存在として描かれています。神はご自身から分離した子供たちのことで涙するとも記されていますから、神には涙腺まであるとほのめかしているようです。実際には私たちがすでに述べてきた一元的な神が、このような属性や身体部分を有することはあり得ません。更には、真の神は、私たちが経験している「考えること」と同様の、「考えること」はしません。そしてまた、分離という幻想に対する応答として、神が聖霊を創造して贖罪の計画を立てるといった、このコースの中で説明されているようなことは、真実にはあり得ません。繰り返しますが、ここにおける明らかな矛盾は、イエスは私たちに理解できる擬人的なレベルにおいて語っているということを理解するときに、はじめて解決されます。これは、「テキスト」のはじめの方で以下のように明言されている原理の素晴らしい実例と言えます。

> ・・・・最大の効果をあげるには、奇跡は受け手が恐れをもたずに理解できる言語で表現されなければならない、ということである。〔T-2.IV.5:3〕

『奇跡講座』を学ぶ私たちは、表象的に意味されているものを文字通りに受け取ってしまうという罠にはまり込まないように、用心していなければなりません。基本的なルールとしては、一元性だけが実在する、ということを思い出すことです。それとは対照的に二元性とは分離の幻想であり、以下のように「教師のマニュアル」からの一節において死という言葉を二元性に置き換えた文言が、ここにあてはまります。なお、この箇所については、後の項目で再び詳しく取りあげます。

> **神の教師**よ、あなたの唯一の課題は次のように述べることができる。二元性が関与している妥協を一つでも受け入れてはならない。〔M-27.7:1〕

『奇跡講座』の中で、神が何かを行なうとか、何らかの人類の特性を備えているといったことが語られている箇所―擬人法―は、本質的に二元的であり、したがって、すべての二元性を超越した、抽象的で非具体的な神の愛を表現するための比喩だということです。また、聖霊やイエスが何かを行なうといった記述についてもこれと同じことが言えます。

もちろん、そうした記述は、自らがこの時間と空間からなる二元的な世界に存在していると信じている私たちにとっては、きわめて意味深い文章です。けれども、これらの記述を文字通りの真理と受け取るならば、個人性と分離した肉体からなる世界が本当に存在するという夢から私たちが覚醒するよう助けてくれるはずのレッスンを、私たちは決して学べないことになります。『奇跡講座』は多くの箇所で、聖書から借りてきた言葉を用いて、神や聖霊を人々とやりとりする肉体的存在や人格に喩えて記述していますが、『奇跡講座』を学ぶ人々がそうした言葉遣いを超えられず、それにより、自分自身の特別性や、肉体との同一化を強化するだけで終わってしまうという状況が、かなり頻繁に生じています。聖霊とは私たちの心の中の一つの想念であり、その真の役割は、自我ではなく聖霊を教師として選択するようにと私たちに呼びかけることです。私たちは、聖霊のこの真の役割に焦点を合わせることにより、正しい赦しの道から逸脱しないようにすることができます。

質問6.『奇跡講座』における被造物とは、何を意味しているのですか?

『奇跡講座』においては、被造物はいかなる物理的なものも指してはおらず、物質的または人為的に創造されたものとはまったく関連がありません。そうではなく、被造物は、唯一、霊にのみ関連したものであり、無数にして限界がなく、初めや終わりのないすべての神の想念の総和である〔W-pII.11.1:1〕と定義することができます。神のただひとりの子であるキリストというのが、『奇跡講座』が神の被造物を指して用いる言葉です。キリストは創造主とひとつであり、ここまでが神で、ここからは子が始まるといった境目はどこにも存在しません〔W-pI.132.12:4〕。ですから、一元的な天国、すなわち完璧な一体性の状態において、神は第一原因であり、キリストは神の結果ですが、創造主と被造物の間には何の分離も区別もあり得ません。さらに言えば、神の被造物は、その源がもつ一元的かつ非物理的な属性を必ず共有しています。創造主は完全無欠にして不変なる無形の霊、永遠の生命、無限の愛――全一でそれ自体の中で統一されたもの――ですから、その被造物であるキリストも同一ということになります。したがって、神とキリストはどちらも肉体的存在ではなく、人格をもった物理的、心理的存在でもありません。「ワークブック」第二部の「被造物とは何か」というセクションには、それを要約した、以下のような美しい一節が見られます。

被造物は真理そのものであるから、すべての幻想の対極にある。被造物とは聖なる**神の子**そのものである。というのも、被造物の中では、そのどの側面においても**神の意志**

> が完全であり、どの部分も**全体**を包含しているからである。その一体性が侵されることはないと、永遠に約束されている。それは神聖なる**神の意志**の中に永久に保持されている。そこに危害や分離や欠陥が生じたり、その無罪性が穢されたりすることはまったくありえない。〔W-pII.11:3〕

質問7.『奇跡講座』においては、創造するというプロセスは何を意味しているのですか？

創造は、時間と空間の領域の外側にあるものですから、時空の想念により条件づけられている人間の頭脳によって理解できるようなプロセスではありません。『奇跡講座』で理解されている通りの創造は、非空間的な延長と同義であり、それは、神が、継続的に神の自己を流出させる中で、神自身の実存と神の愛を延長させる「プロセス」です。けれども、それは、決して神の心から離れ去ることのない流出であり、したがって、決して神の心の外側に出ることはありません。神の被造物キリストは、自らの創造主の属性を共有するので、キリストもまた、これと同一の延長というプロセスにおいて創造します。『奇跡講座』はそれを以下のように説明しています。

> 延長するということが**神**の根本的性質の一面であり、**神**はそれを**神の子**にも授けた。創造において、**神**は**ご自身**を被造物たちへと延長させ、同じ愛に満ちた創造する意志を彼らにも吹き込んだ。〔T-2.I.1:1-2〕

> ・・・・**神**が**ご自身**を延長させてあなたとすることによりあなたを創造したのなら、あなたにできるのは**神**がした通りにあなた自身を延長させることだけである。喜びと永遠は不可分であるため、喜びだけが永遠に増大する。**神**は限界をも時間をも超えて、外に向かって延長する。そして**神**と共に創造する者であるあなたは、永遠に、限界を超えて、**神の国**を延長させていく。〔T-7.I.5:2-4〕

キリストが神の心の中にあり続けるのと同じように、神の子の被造物たち（この定義については次の質問を参照）は、キリストの一なる心の内側にあり続けます。当然ながら、一体性は一なるものとしてのみあり続けることができるのであり、それについて「ワークブック」の一節は以下のように表現しています。

神の想念には、それらを創造した**神**がもつすべての力が授けられている。**神**は、延長により愛を増大させようとするからである。それゆえに**神の子**は創造に参与し、だから創造する力も必ず共有する。**神**が永遠に**一なるもの**であるようにと意志したものは、時間が終わった後も依然として**一なるもの**であり、時間の経過により変わることなく、時間の想念が始まる前と同じであり続ける。〔W-pII.11.2〕

繰り返しますが、以下の一節において「創造の環」と言われているものは、物理的な観点や、この世界で創造性と称されているものにおいて、理解することはできません。この世界の中では、創造者と被造物は別個のものですが、天国ではこの両者がひとつのものであり、それは私たちの理解を超えた「状態」です。「テキスト」からの以下の一節はその点を明らかにしています。

創造の環には終わりがない。そのはじまりと終わりは同一である。しかしその環は、それ自体の内にすべての被造物からなる宇宙を保持しており、それにははじまりも終わりもない。〔T-28.II.1:6-8〕

あなたの機能は、あなた自身の宝を創造することによって**神**の宝を増やすことである。あなたに対する**神の意志**は、あなたのための**神の意志**である。**神**の喜びは創造することにあるので、**神**があなたの創造を差し止めることはない。あなたは**神**と同じようにしか、喜びを見出すことはできない。**神**の喜びはあなたを創造することにある。そして、あなたも**神**と同じように自分を延長させられるように、**神**は**ご自身の父性**もあなたへと延長させる。あなたは**神**を理解していないので、このことを理解しない。自分自身の機能を受け入れない者は誰も、それが何であるかを理解できない。そして、自分が何なのかを知らない限り、誰も自分の機能を受け入れることはできない。〔T-8.VI.6:1-7〕

赦しならば私たちに理解できますから、自分がこの世界に居ると信じている間は、赦しが、私たちの果たすべき機能であり、また、キリストとしての自分のアイデンティティーを受け入れることを学ぶためのプロセスでもあります。そして、この受容によって、私たちはついに、実相について、そしてまた神により創造されたままに存在するということが何を意味しているかについて、理解できるようになります。

質問8.『奇跡講座』で語られている被造物たちとは、何を意味しているのですか？

被造物たちとは、自らの源と同じように創造するキリストにより、非空間的、非時間的、そして非物理的に、延長されたもののことです。すでに見たとおり、自らを延長させることが、天国の愛の本質であり、それがこのコースが創造のプロセスと呼んでいるものです。キリストは自らの創造主と一体であり、すべてにおいて創造主と同質のものですから、先の質問で説明したとおり、キリストもまた創造において彼の愛を延長させます。こうしてキリストの愛が延長されたものが、『奇跡講座』が「被造物たち」と呼んでいるものです。これは重要な点なので、もう一度、別の言い方で述べるなら、この物理的な世界の中には私たちの被造物たちに相当するようなものは何もない、ということです。それはちょうど、神の被造物であるキリストに相当するものが、人間を含めて、この世界の中には何もないのと同じです。同様に、天国における私たちの機能である創造するということも、この世界が普通に「創造的」と考えている活動、例えば、「芸術的な創造性」、「子をつくる」、「創造的な考えを抱く」などといったこととはまったく共通するところがありません。

キリストの延長である被造物たちは、「テキスト」の以下の記述に見られるように、このコースが言う三位一体の第二位格の一部として、すなわち、いわば私たちの「子供たち」として理解することもできます。

> **神の子**だけが**神**の唯一の宝であるから、**神**はただ**神の子**だけを欲する。**神**が**ご自身**の被造物たちを欲するのと同じように、あなたはあなたの被造物たちを欲する。あなたの被造物たちは、あなたから聖なる**三位一**体への贈り物であり、あなた自身が創造されたことに感謝して創造されたものである。あなたが自分の**創造主**を離れたことがないのと同じように、あなたの被造物たちがあなたを離れることはなく、**神**が**ご自身**をあなたへと延長させたのと同じように、彼らはあなたの創造を延長させる。〔T-8.VI.5:1-4〕

あなたが**神**に属するのと同じように、あなたの被造物たちはあなたに属している。あなたの子供たちが**神の子**の一部であるのと同じように、あなたは**神**の一部である。創造することは、愛することである。愛は封じ込めておけないという単純な理由により、外に向かって延長する。それには限界がないのでとどまることがない。それは永遠に創造するが、時間の中で創造するのではない。**神**は常に存在してきたので、**神**の被造物たちも常に存在してきた。あなたは**神**が創造するのと同じようにしか創造できないので、あなたの被造物たちも常に存在してきた。**神**はあなたを永遠なるものとして創造したので、永遠はあなたのものである。〔T-7.I.3〕

時々イエスは、いつものように比喩を用いて、まるで分離した神の子たちが家に帰るのを応援するチアリーダーを思わせるような言葉遣いで、キリストの被造物たちのことを語っています。

天国は無言で待っている。そして、あなたの被造物たちは、あなたが橋を渡って彼らを迎えるのを助けようと両手を差し伸べている。あなたが探し求めているのは彼らだからである。あなたが追求しているのは自分自身の完成に他ならず、あなたを完成させるのは彼らである。〔T-16.IV.8:1-3〕

質問９．神にはひとりしか子がいないというのなら、なぜ、『奇跡講座』は神の子らという複数形を用いるのですか？

イエスは、自分たちは分離していてその数も多いと信じている神の子供たちについて語るときに、何度も複数形を用いています。これは、彼の生徒たちが受け入れて理解することのできる二元性のレベルにおいて彼らと出会うために、イエスが柔軟な言葉遣いをしているもう一つの事例です。しかし、この言葉遣いを、天国の中に個人性と分離が存在していることを意味するものとして捉えるべきではありません。実相においては、『奇跡講座』が繰り返し断言しているように、ただひとりの神の子しかあり得ません。一致は一致を創造することができるだけであり、単一性から多数性が発生することはあり得ないからです。これについては、「テキスト」や「ワークブック」

の重要な記述が以下のように強調しています。

> **神**にはただ**ひとりの子**がいるだけだということに、特に留意すべきである。**神**の被造物たちの全員が**神の子ら**であるというのなら、各々が**一なる子**全体にとって、不可欠な一部のはずである。**一体性**のうちにある**一なる子**は、数ある部分の総和を超越したものである。〔T-2.VII.6:1-3〕

> **神の子**である私たちこそが被造物である。私たちは、自分たちと**神**との永遠なる一体性に気づいていない個別の存在であるかに見える。しかし私たちの疑念の背後には、すべての恐れを超えて、今も確実性がある。愛は、愛の想念であるすべての**神の子**とともにとどまるので、愛の確かさも**神の子**のものである。**神**についての記憶は私たちの神聖な心の中に宿り、その心は、自分たちが一なるものであることも、**創造主**と一体であることも覚えている。〔W-pII.11.4:1-5〕

したがって、神の子らという用語は、イエスが彼の生徒たちのことを、彼ら自身が信じているとおりのものとして呼称するときに、便宜上、使用されているものです。他方で、神の子という用語は、多数性の夢が取り消されて、そこから目覚めた時の私たちの真の在り方であるキリスト、すなわち一体性というアイデンティティーを意味して使われています。

質問10・『奇跡講座』は、神・神の子・聖霊を示すにおいて、なぜ男性形の言葉遣いをするのでしょうか？

確かに、『奇跡講座』は言語的には、男性優位のユダヤ教—キリスト教的伝統の枠内で書かれていますし、その伝統の土台であった家父長制度的な聖書の言葉遣いを使用しています。そのようなわけで、このコースも、男性形だけしかない神・神の子・聖霊という用語を使用することで、その宗教文化に合わせているのです。しかしながら、理解しておかなくてはならないことは、神・神の子・聖霊は男性でも女性でもなく、聖なる存在《もの》は肉体を創造したわけではないので、性別のことなどまったく知らないということです。この点は、聖書における創造主である神と、『奇跡講座』における神との違いを、重ねて証言しています。実際に、イエス自身が、自我を起源とするこの言語の使用について、次のように語っています。

このコースは、それが必要とされている場である自我の枠内にとどまる。・・・・このコースは言葉を用いる。そして言葉は象徴的なものであり、象徴を超えたところにあるものを表現することはできない。〔C-in.3:1,3〕

ですから、『奇跡講座』がこの男性形の言語を使用していることの真意は、明らかに別なところにあります。このコースの言葉遣いという形態は、二千五百年間の西洋の伝統的言葉遣いと同一ですが、その内容はまさに正反対のものです。これは、「テキスト」の中で二度にわたり明言されている一つの原理のよい実例となっています。すなわち、聖霊は、私たちの〈特別な関係〉（形態）を取り去ることはせず、そのかわりに、（それらの関係の目的 ― 内容 ― を変えることにより）それらを変容させる〔T-17.IV.2:3-6; T-18.II.6〕というものです。したがって、ここで読者は赦しを練習するための素晴らしい機会を与えられることになります。心の奥に埋め込まれて無意識のうちに存在していた裁きの想念が、このコースの「差別的な」言語により意識化されることにより、いまや、聖霊の助けを得て、それらは別の見方で見られるようになります。そうして、家父長制の権威者 ― 宗教的なものであれ、世俗のものであれ ― を相手とする〈特別な憎悪（又は特別な愛）の関係〉を、〈神聖な関係〉へと、すなわち裁きと攻撃のかわりに赦しと平安を目的とする関係へと、変容させられるようになります。

同様にして、このコースによる「神の息子」〔訳注１〕という言葉の使い方についても理解することができます。二千年の間、キリスト教神学においてこの言葉は、厳密にイエスだけを指して用いられてきました。イエスだけが、聖書における神が設けたただひとりの息子、三位一体の第二位格とされてきたのです。イエスの特別性は、聖パウロが、その他のすべての人間を神の「養子」という身分に格下げしたことにより、更に強調されてきました。『奇跡講座』のイエスは、これまでは彼以外のすべての者を除外していた同じ用語を、彼が私たちと対等であることを強調する目的で用いています。今や、それは、すべての人々、すなわち、依然として自分は肉体であり、自分の源から分離していて、したがって源である神とは違ったものである、と信じているすべての神の子供たちを指して使われています。さらに具体的に言えば、「神の息子」という用語は、『奇跡講座』を読んだり勉強したりしている人々のことを指しているのであり、明らかに、彼らの性別には関わりなく用いられています。

（訳注1） 原文では Son(s) of God あるいは God's Son(s) であり、直訳すれば「神の息子（たち）」であるが、この言葉は、日本のキリスト教的伝統においては「神の子」と訳出されてきた。その理由は、ここで説明されているような性差別に反対するためというよりも、もともと日本語の名詞や代名詞には、ほとんど性別がなく、神に He（彼）という代名詞を使用するような習慣もないためと思われる。したがって、『奇跡講座』及びそれに関連する書物の翻訳においては、「キリスト教用語はその国のキリスト教的伝統に沿った訳語を使用する」という FACIM の基本的方針により、本書においても、ほとんどの箇所で、この語を「神の子（ら）」と訳出しているが、このセクションだけは例外的に、原文の論旨が正しく伝わるように、直訳である「神の息子（たち）」を用いた。

二千年にわたりキリスト教は、イエスの基本的なメッセージを ― この場合は神の一なる子の完璧な対等性と一体性を ― を歪曲してきたことになりますが、この用語は、それを修正する助けになるようにと意図的に用いられているのです。ですから『奇跡講座』は、イエスのことを、実相においては他の誰とも何ら違うところのない者として提示しています。（時間の中ではもちろん、彼と私たちとは違っていますが。）したがって、もう一度言いますが、かつてはイエスのみに使用されていた「神の息子」という同一の用語が、今では私たち全員に使用されているのです。更には、この用語はまた分離以前の被造物である神のただひとりの子であるキリストを指して使用されています。私たちは再びここで、伝統的キリスト教で使われているのと同じ形態が、完全に異なった内容で使用されているのを目にします。「神の息子」という言葉は、「神の子供」と同義語であることはすぐに理解されますし、「子供」という言葉もこのコースの中では頻繁に使用されています。

「神の息子」という言葉の意味を、除外的なものから全面的に包括的なものへと再解釈することは、『奇跡講座』の思考体系にとっては決定的に重要なことです。イエスがこの言葉を使用している理由を思えば、受講生たちは ― 男女に変わりなく ―

このコースの不快な言葉遣いを変えたくなる誘惑に対して、しっかりと警戒していなくてはなりません。そうした行為は、理解できるものではありますが、イエスの教育的な意図の一つをくつがえすことにつながります。形はそのままにしておき、かわりに私たちの心を変える方が、はるかに『奇跡講座』の教えに沿ったやり方と言えるでしょう。こうした状況においては、「テキスト」からの有名な文言を借りてきて、以下のように言い換えることができるでしょう。「だから、このコースを変えようとするのはやめなさい。そうではなく、このコースについてのあなたの心を変えることを選びなさい」〔T-21.in.1:7〕と。したがって、『奇跡講座』の形が変更されることはないのですから、私たちは、自分の反応を、赦しを学ぶための教室として使用するのが賢明と言えるでしょう。つまり、イエスやヘレンや『奇跡講座』自体を赦すことを学び、さらには、過去に（または現在）彼らを不公平に扱っていると知覚されてきた人々を赦すことを学ぶための教室にするということです。

第二章　分離とは

質問11．自我はどのようにして始まったのでしょうか？ 何が分離の再発を防ぐのでしょうか？

これは数ある質問の中でも、疑いなく最も頻繁に尋ねられる質問であり、『奇跡講座』を学ぶ人は誰でも一度はこのような疑問を抱いたことがあるようです。人々が創意工夫をこらしてこの質問を実に様々な形で尋ねてくることには、私たちは感心させられてきましたが、基本的にそれらが尋ねていることは、次のように言い直せます。「もし神が完全無欠で統一されており、ひとりの完全無欠で統一された子がいるというのなら、どうしてそのような心の中に、分離や分割といった不完全な想念が生起し得たのだろうか？」と。

『奇跡講座』の中で、イエスはこの質問に対し非二元的枠組みの中で答えているので、自分たちの観点に合った答えを要求する知的好奇心を満足させることはないでしょう。けれども、私たちが自分の現実として経験している二元的枠組みの中では、この質問は、実は質問の形を装った一つの声明にほかなりません。〈自我としての心〉が自分の実在性と独自のアイデンティティーを確立するために、そのように「尋ねている」のです。したがって、実はこの質問者は、「私は自分がここに存在していると信じている。だから、私がどのようにしてここにきているのかを、今、あなたから私に説明してもらいたい」と言っているのです。

意識とは、夢を見るようになった神の子の心の中に導入された最初の分裂であり、自我の状態です。その状態においては、知覚する主体と知覚される対象とが、分離した別個の「現実」として存在するかに見えます。意識は限定された偽りの自己という概念を生じさせますが、それは分離して不確実な自己であり、神に創造されたままの真の自己とは反対のものを経験しているように見えているものです。そして、この偽りの自己が、自分が「ここ」に居ると信じて、自分自身の起源らしきものについての質問を「尋ね」、それにより自分を証明しようとしているのです。けれども、真理においては、不完全さが完全無欠性から生じることはあり得ず、分離や分割といった不完全な想念は、完全無欠な神の子の完全無欠な心から生起することはあり得ません。その心の中に、相対立するものが存在することは不可能です。唯一、夢からなる世界の中でのみ、こうした馬鹿げた事柄や、そうした不確かさを助長する信念などによって、このような疑問を抱くことができるようになるのです。

したがって、この質問は、自分たちが本当に分離していて互いに異なっていると信じ、経験している者たちだけが尋ね得る質問です。そして、それに答えることができるのは、不可能なことが実際に起こったという前提を受け入れ、それゆえに何らかの説明を必要とし、要求さえしようとする者だけです。つまり、夢を見ている自我だけがそのような質問をするということです。なぜなら、天国における自らのアイデンティティーに確信があり、神の中に目覚めている神の子であれば、もともと、このような質問をする基になる分離というものを、思いつくことさえできないはずだからです。そしてまた当然ながら、もし実相において分離が一度も起こったことがないとしたら、どうして、その二度目が起こったりするでしょう？ですから、もう一度言いますが、それはカマかけ質問です。コメディーの一場面に出てくる「あなたが奥さんを虐待するのをやめたのは、いつですか」という質問によく似ていて、それに答えれば、答えた人の有罪性が示されることになるのです。

イエスは二度ほど直にこの質問に答えています。一度目は「テキスト」に出てきますが、これは元はと言えば、ヘレンが口述筆記をしていた期間に、彼女の同僚であり友人でもあったウィリアム・セットフォードが尋ねた質問に対し、イエスが非常に実用的な答えを与えたものです。

いったい心はどのようにして自我というものを作り出せたのか、と尋ねるのはもっともなことである。実際、それはあなたが尋ね得る最良の問いである。しかし、過去の観点からその問いに答えることには意味がない。なぜなら、過去は問題にならず、もし同じ誤りが現在に繰り返されているのでなかったなら、歴史は存在していないはずだからである。〔T-4.II.1:1-3〕

換言すれば、「あなたは、現在において、依然として分離するという同じ選択をしているのに、なぜ、遠い過去に分離がどういう理由でどのようにして起こったかなどということを心配するのか」ということです。

次の答えは二部に分かれていて、「教師のマニュアル」の付録である「用語の解説」に出てきます。ここでは、その質問自体が形だけの質問だということに言及しているために、前の答えよりもずっと要点がはっきりしています。そして、私たちが前記で論じたことは、この答えを反映したものです。

自我は、このコースが与えない多くの答えを要求するだろう。質問の形をしているだけで答えることが不可能なものを、このコースは質問として認識しない。自我は、「どのようにして、不可能なことが起こったのか」、「不可能なことが、何に対して起こったのか」と尋ね、しかも、数多くの形で尋ねるかもしれない。だが、それには答えがない。ただ体験があるのみである。これだけを求めなさい。神学的理論によって、あなたの歩みを遅らせてはならない。〔C-in.4〕

自我を定義して、それがどのようにして生じたのか説明してほしいと求める者は、自我が実在すると思っている者に他ならない。そして彼は、定義することによって、自我をそのようなものに見せかける言葉の背後に、自我の幻想性を確実に隠蔽しておこうとする。

嘘を真実にするのに役立つ嘘の定義などというものはない。〔C-2.2:5-3:1〕

質問12．神がこの世界や肉体を創造しなかったのなら、誰がそれらを創造したのですか？　そしてまた、私たちは誰であり、どのようにしてここにやってきたのですか？

これもまた最もよく尋ねられる質問の一つであり、それを尋ねたくなる気持ちはよくわかります。ほとんどすべての人々が、自分は物理的・心理的な自己であり、物理的宇宙の中に生きていると信じています。そしてその宇宙は、自分たちがやってくる前から存在していたし、自分たちが居なくなってもあり続けると思っています。そう・・・ではないということを理解するのは、私たちにとっては難しいことですが、なぜ難しいかと言えば、私たちは個別の肉体を持った自己とあまりにも同一化しているので、時間と空間から成るこの世界の外側の、心のレベルに存在する自分というものを想像することがほとんど不可能だという事実があるからです。

『奇跡講座』の説明によれば、分離の想念が生じるかに見えたとき、神の子が眠りに落ちて夢を見るかに見えたということになります。その夢の内容は、一体性が多様性になり、非二元的なキリストの心が断片化してその源から分離し、互いに争い合う狂った切片たちへと分裂したというものです。そしてこれらの断片が一連の夢を心の外に投影したと、このコースは説明しています。その夢とは、言い換えれば、この物理的宇宙の歴史を集合的に構成する脚本でもあります。個人のレベルでは、自我である私たち人間が「自分個人の人生」だと見なしている一連のドラマもまた、分裂して断片化された心たちによる投影なのです。

　こうして私たちはみな、シェイクスピアが記したように、人生という舞台の上の役者たちなのです。そこで私たちは一つの夢を生きており、その夢を、キリストという自らの真の在り方から分離し隔離された個人的な現実として経験しています。それだけでなく、断片化した神の子による集合的な夢の中に、私たちの心が数多くの異なった人格を投影してきたために、全体のプロセスは複雑なものになっています。ですから、「どのようにして私たちはここにきたのか」という質問は、この集合的かつ個人的な夢という観点から理解されなくてはなりません。換言すれば、私たちは真実にはここに居るのではなくて、自分たちがここに居るという夢を見ているということです。『奇跡講座』が「〔私たちは〕**神**の内なるわが家にいながらも、流刑の身となった夢を見ている」〔T-10.I.2:1〕と述べている通りです。そして、どのようにして夢が生じたかと言えば、

すべてが一なるものである永遠の中に、一つの小さな狂った考えが忍び込み、その時点で**神の子**は笑うことを忘れてしまった。彼が〔笑うのを〕忘れたとき、その考えは深刻なものとなり、達成することも、実在性ある結果を生むことも、どちらも可能なものとなった。(T-27.VIII.6:2-3　〔 〕内は著者による)

これらの「実在性ある結果」が、私たちが自分の故郷だと思っているこの物理的世界を構築しています。以下の一節は、そうした結果を存在させることになったプロセスについて、このコースの中でおそらく最も明確に描写されている箇所です。それは、神の子が、神の愛に代替があり得るという小さな狂った考えを深刻に受けとめたときに始まりました。これから見ていくように、これが、天国の対極のものと信じられて

いる物理的宇宙を作り出すことにつながったのです。

神は恐れであると信じているあなたは、ただ一つの代替を作り出しただけである。それは数多くの形態をとるに至ったが、その理由は、それが真理を幻想に、全一性を断片化に入れ替えるという代用だったからである。それは分裂し、細分化し、さらなる分割を幾度となく繰り返してきたため、かつて単一であったし今も単一であると知覚することは、今ではほとんど不可能となっている。真理を幻想へ、無限を時間へ、生命《いのち》を死へと運んでしまったその一つの誤りだけが、あなたが犯した誤りのすべてであった。あなたの世界全体がその上に成り立っている。あなたが見ているすべてがそれを反映しており、あなたがこれまでに作り出してきた特別な関係のどれもがその一部である。

実相があなたの見ているものとはどれほど異なるかを聞かされたなら、あなたはきっと驚くだろう。あなたはあの一つの誤りの大きさに気づいていない。それはあまりにも広範で、まったく信じがたいものだったため、そこからは全面的に実在性のない世界が出現せざるを得なかった。それ以外の何がそこから生じ得ただろう。あなたがその断片化された側面に目を向け始めるとき、それらだけでも恐れを抱かせるに充分である。しかし、あなたがこれまで見たことのあるもので、その原初の誤りの巨大さをあなたに少しでもわからせることができるものは何もない。その誤りは、あなたを天国から追放し、智識を打ち砕いてつながりのない無意味な知覚の断片にし、あなたにさらなる代替を作り続けることを余儀なくさせたかに見えた。

それが、誤りが外へと投影された最初であった。世界はその誤りを隠すために現れ、誤りが投影されるスクリーンとなって、あなたと真理の間を仕切るものとなった。真理は内に向かって延長するものであり、そこでは損失という考えは無意味であり、増大のみが可能である。すべてにおいて前後も上下も逆になっているような世界がこの誤りの投影から生じたということが、あなたには本当に奇妙に思えるのだろうか。それは必然の成り行きだった。〔T-18.I.4:1-6:5〕

けれども、『奇跡講座』はさらに、この世界は神に対する攻撃として作り出された〔W-pII.3.2:1〕と述べています。繰り返しますが、これを成し遂げたのは、幻覚からなるその夢の中で、自らが第一原因を侵害したと信じ込んだ神の子の、集合的な分裂した心です。これが、質問４（24ページ）において触れた自我による「非神聖な三位一体」の始まりです。分離と横領という、自分の罪のごとく見えるものに対する罪悪感が、神の子が処罰されることを要求したのです。それゆえに、恐ろしくなった神の子は、彼を破壊したがっている怒りに満ちた報復の神という彼自身の投影の産物から逃げ出そうとしました。それゆえに、神の子は自分の幻想にすぎない罪悪感と断片化された自己を心の外に投影し、それにより、自らが失墜させ破壊したと自分で信じた非物理的な神から隠れられる場所、すなわち時間と空間の物理的世界を、誤創造したのです。これらの多数の夢の内側では、ひとりの神の子が何十億もの断片に分裂したかに見えましたし、それぞれの断片が、個人的な狂気の夢からなる一個の肉体の中に収容されるようになったかに見えました。それぞれの断片は、それにより、怒りの神による究極の罰という自我が作り出したイメージに対抗するための個人的な「保護」が得られると信じたのです。

　ここで再び注意すべき重要なことは、私たちが語っている「この世界を作り出した主体《もの》」とは、分離した神の子の集合的な心のことだという点です。分離したかに見える断片の各々はみな「キリストの一なる心に取って代わろうとした、もとはひとつだった心」から分裂した一部にすぎません。ですから、個別の断片にはこの世界についての責任はありませんが、自分がこの世界の実在性を信じているということについては、確かに責任があるということです。

質問13.『奇跡講座』は、本当に、神は物理的宇宙のすべてを創造しなかったと言っているのでしょうか？

はい、確かにそのように言っています。形あるものや、物質的、個体的なものは一切、神からのものではあり得ないのですから、物理的な宇宙のどんなものも実在し得ません。このことに例外はありません。「ワークブック」レッスン43は、二元性と分離の領域である知覚についての文脈で、次のように述べています。

> 知覚は**神**の属性ではない。智識の領域が**神**の属性である。・・・・・・**神**の中では、あなたは見るということはできない。**神**の中では、知覚には何の機能もなく、したがって、知覚は存在しない。〔W-pI.43.1:1-2;2:1-2〕

「用語の解説」の中には、神が創造しなかった知覚の世界が幻想であることを明言している次のような記述が見られます。

あなたの見ている世界は、世界のように見える幻想である。**神**はそれを創造しなかった。なぜなら、**神**が創造するものは、**神ご自身**と同じく永遠とならざるを得ないからである。ところが、あなたが見ている世界には、永遠に続いていくものは何もない。いくつかのものは、他のものよりも少し長く時間の中に存続するだろう。しかし、いずれは、目に見えるすべてのものが終わりを迎える時がくる。〔C-4.1〕

そして最後に、「テキスト」の中にも、同様の記述が見られます。

神の法則は、知覚が支配する世界に直接には適用されない。というのも、**心**にとって知覚は何の意味ももたず、そうした世界がそのような**心**によって創造されたはずがないからである。だが、**神**の法則は［聖霊を通して］あらゆるところに反映されてはいる。とはいえ、この反映が存在する世界が実在するというわけではない。それは単に、**神の**

子がそのように信じているからであり、**神**は、**神の子**の信念から**ご自身**が全面的に切り離されるままにしておくことはできなかったからである。**神**は**わが子**の狂気の中に一緒に入っていくことはできなかった・・・〔T-25.Ⅲ.2　傍点および〔〕内は著者による〕

これらの箇所は重要です。『奇跡講座』を学ぶ人々がよく抱く誤解の出所を明らかにしているからです。彼らは、「イエスは実際のところ神がこの世界を創造したと教えている」と主張します。そして、「このコースが教えているのは、神はこの世界についての私たちの誤った知覚を創造しなかったということだけだ」と断言します。けれども、前記の「教師のためのマニュアル」からの一節に見られるように、「あなたが見ている世界」という文言を含む記述は、私たちが自分の〈間違った心〉のレンズを通して知覚している世界だけに当てはまるのではなく、私たちがとにかく見ているという事実そのものに当てはまるのです。繰り返しますが、物理的な宇宙、すなわち知覚と形態の世界のすべてが幻想であり、神の心の外側のものなのです。

したがって、観察され得るもの、つまり形があり、物理的で、動いたり変化したり退化したりして最後には死んでいくものは、どれ一つとして神からのものではありません。『奇跡講座』はこれについては明言しており、だからこそ私たちは、このコースを完璧な二元的思考体系だと言っているのです。『奇跡講座』はまったく例外を含んでいません。ですから宇宙の荘厳さと見えるものや、大自然の栄光と知覚されるものなどもすべて、自我による分離の思考体系の表現であり、それについては、「テキスト」からの以下のすばらしい一節が述べている通りです。

永遠であるかに見えるだけのすべてのものに終わりがある。星々は消え去り、夜と昼もなくなるだろう。潮の干満や季節や人の生涯など、来ては去っていくもののすべてが、そして、時と共に流転し栄枯盛衰を辿る一切が、二度と戻ってはこない。時間が終わりを設けた場所は、永遠なるものが存在するところではない。〔T-29.VI.2:7-10〕

この事実に例外を設けようとする試みは、真理と妥協しようとする試みであり、それは、まさに自我が自分の存在を確立するために欲していることにほかなりません。「ワークブック」は、「虚偽は虚偽であり、真理は一度も変化したことがない」〔W-pII.10.1:1〕と述べています。また「テキスト」にも以下の一節が見られます。

救済とは何と単純なものだろう！　それが述べているのは、「かつて一度も真実でなかったものは今も真実ではなく、これからも決して真実とはならない」ということに尽きる。起こり得ないものは起こったことはなく、いかなる結果ももたらし得ない。それだけのことである。〔T-31.I.1:1-4〕

ですから、結論を言えば、幻想のいかなる部分にも真実性を付与することはできないということであり、それはすなわち、物質からなる宇宙のいかなるものも絶対に神から生じてはおらず、神により知られることすらない、ということです。神の実相は、全面的にこの夢の世界の外側にあるのです。

質問14：では、この世界の中の美や善については、どうなのでしょうか？

前問の答えに基づけば、この世界のいわば肯定的な側面もまた、その否定的な側面と同じくらい幻想にすぎないものだということがわかります。どちらも、二元的で知覚的な宇宙に属する側面であり、〈一なる子〉の心の中の二元的な分裂を反映するものにほかなりません。かの有名な「美は見る人の眼差しにあり」ということわざは、ここにも当てはまります。或る人が美と見なすものを、もうひとりの人は、倫理的に不快なものと感じるかもしれませんし、その逆もあり得るからです。同様に、或る社会が善だと判断するものを、別の社会は、共同体の利益に反する悪だと判断するかもしれません。こうしたことは、歴史や社会学や文化人類学などを注意深く検討すれば明らかです。それゆえ、イエスがこのコースの中で採用している「永遠なる普遍性」という実相の判断基準を用いるなら、この世界が美しいとか善いとか見なしているものも実在してはおらず、神により創造されたはずがない、ということになります。

ですから、美も善も相対的な概念であり、幻想にすぎないということであれば、私たちが従うべきは、「私が見ているものの意味は何だろうか」と常に自分自身に問いなさい〔T-31.VII.13:5〕というイエスの訓戒です。換言すれば、美しいものは幻想であるとはいえ、この世界の他のすべてのものと同じようにニュートラルなものだということです。自我に与えられれば、それは、分離、特別性、罪悪感などを強化するという非神聖な目的のために働きます。その一方で、聖霊に与えられれば、それは、「知覚を超えたところにある真理の体験へと私たちを導く」という神聖な目的のために働きます。たとえば、夕焼けは、「自分は、それを目前にしているときにのみ、平安と幸福を感じることができる」という信念を強めるものとなることもできますし、一方では、「キリストの真の美しさが私のアイデンティティーであり、この美しさは内的なものであり、私の心の中にあって外側のどんなものからも独立している」ということを思い出す助けとなることもできるのです。

質問15・私たちが私たち自身を分離したものにしたというのなら、私たち全員が、物質について同じ属性を知覚したり、物質の基本的な特性について合意したり、その法則性を経験したりしているように見えるのは、どういうわけなのでしょうか？

分離の想念が生じたかに見えたとき、それは単一の分裂した心の中の単一の想念でした。分離の思考プロセスが進んで、この物理的宇宙を作り出すという頂点にまで達したとき、このひとつの想念が何十億という断片に分割されたかに見えました。この断片の一つひとつが原初の分離の想念がもつすべての側面を内包しています。ですから、断片のように見えるそれぞれが、あの実体のない分離の想念からくる結果のすべてを経験することになります。たとえば、宇宙の生成に内在する天文学的法則、物理学的法則、化学的法則、生物学的法則といったものを、それぞれの断片が経験します。そうして、あの単一の自我の想念が多数であるかに見えます。人々が一方ではこの世界についての共通の知覚を共有しながら、もう一方では、非常に私的で個人的な嗜好や、知覚、経験を有するというパラドックスが、これにより説明されます。最終的には、すべての分離したかに見える心はひとつのもの ― 単一の分離の想念 ― ですが、それぞれの断片は分離しているかに見えますし、それぞれが、自分は他とは異なり、他から独立していると信じているということです。

質問16．『奇跡講座』は、時間をどのようなものと見ているのですか？

「私たちには未知の未来があるように思える」〔W-pI.158.3:7〕にもかかわらず、『奇跡講座』の観点からは、すべての時間がすでに生じたものです。このコースを理解するためには、イエスが提示している時間についての見解の一端を見ておくことは非常に重要です。そうでなければ、このコースの形而上学を理解することも、それを実践することも非常に難しくなります。イエスは「教師のためのマニュアル」の中で、以下のようにはっきりと述べています。

救済のための「教えて学ぶ計画」〔贖罪の計画〕を理解するには、このコースが説く時間の概念を把握することが必要である。〔M-2.2:1 〔〕内は著者による〕

私たちが、自分は自分自身の創造主 ― 自己を創造した者 ― になれるという信念を（肉体が存在するようになる以前に）心の中に受け入れたとき、私たちは、一連の原因と結果の関係を起動させました。これを理解する最も簡単な方法は、以下のように考えてみることです。私たちが「自分で天国の対極を作り出せる」という考えを抱くようになったとき、この想念の一つの結果として、時間と空間からなる夢の世界が始まった。それと共に、私たちがその想念の結果を表していく方法のすべても始まった。それが、たとえば、私たちの様々な人生というものの数多くの脚本の始まりである、と。

別な喩えを使えば、あの狂った想念の結果が憎悪の夢のホログラムを生み出し、そこには、時間と空間がその鋳型として含まれていた、という言い方ができます。ここで認識すべき重要なことは、〈一なる子〉の心は、いったん眠りに落ちたかに見える状態となったら、真に存在しているものとは対極をなす想念を抱くようになった、という点です。それらは例えば、以下の表に見られる通りです。

実相	幻想
永遠	時間
生命《いのち》	死
不変	変化
完全	不完全
愛	憎悪
無限	限界
霊	肉体
無形性	形態

ですから、分離の想念が生み出したすべての結果は、すでに起こったことであり、すべての誤った想念についての聖霊による訂正も、すでに起こったことなのです。『奇跡講座』によれば、「この世界はとうの昔に終わっている」（T-28.I.1:6）のです。そ

して私たちは単に、「旅の終わった時点からふりかえって、その旅を見ているだけ」です。なぜなら、「その台本もすでに書かれている」〔W-pI.158.4:5.3〕からです。これらの脚本は、憎悪のホログラムと訂正のホログラム（以下の図を参照）という二つのホログラムになぞらえることができます。この二つのうちのどちらか一つを選択するのが、心の一部をなす〈決断の主体〉です。次に見る「テキスト」からの重要な一節が、こうした二つのホログラムについて説明しています。

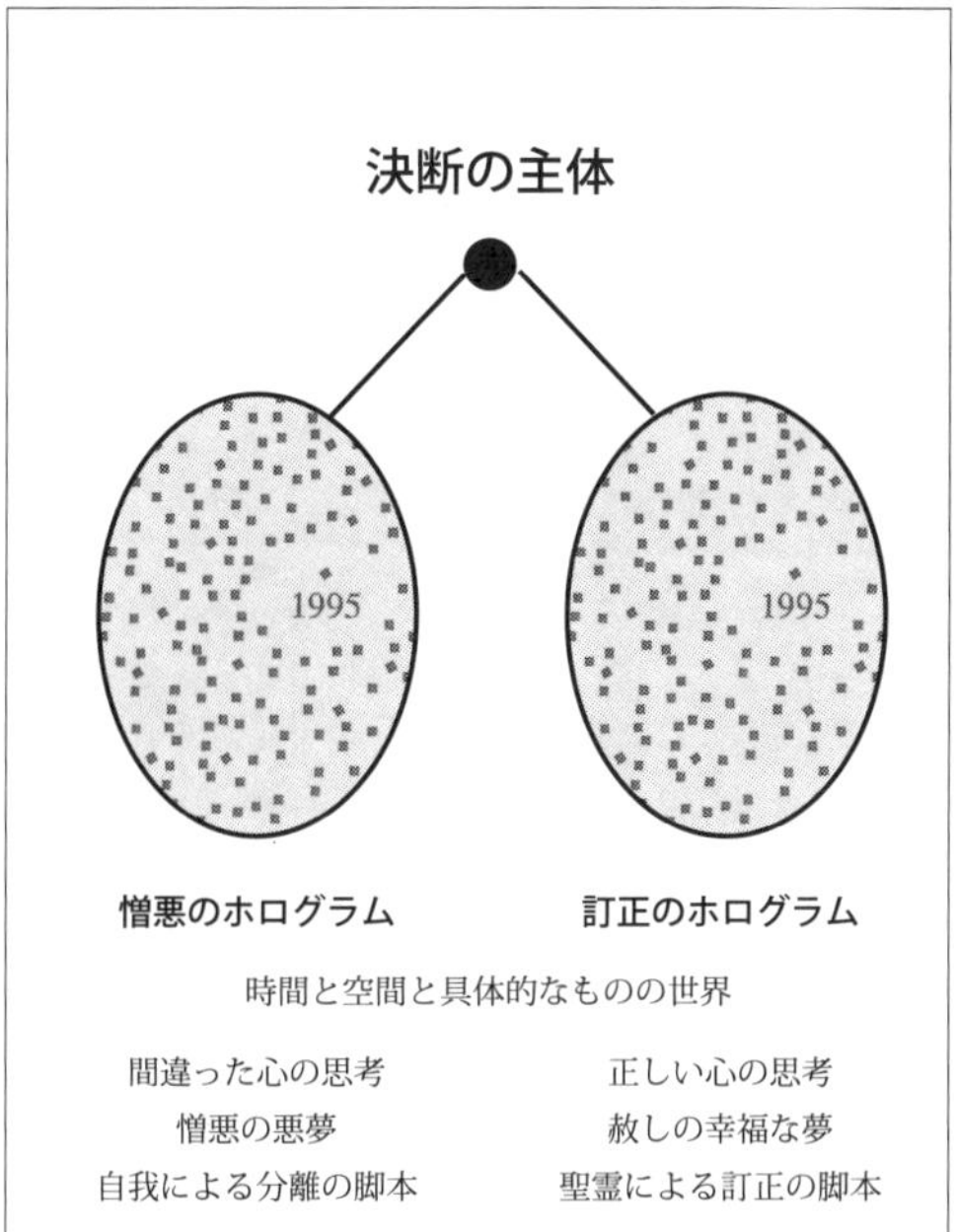

神が**神**の教師［**聖霊**］を与えたのは、〔原注〕あなたが作り出した教師と入れ替えるためであり、それと争うためではない。そして**神**が入れ替えたいと思うものは、すでに入れ替えられている。時間はあなたの心の中にほんの一瞬現れただけであり、永遠に対しては何の影響も与えていない。それゆえに、すべての時間は過ぎ去っており、一切は、虚無への道が作り出される前とまったく同じである。そのわずか一刻の間に最初の間違いが犯され、その一つの間違いの中ですべての間違いが犯されたとき、そこには、最初の一つと、その中で派生したすべての間違いに対する訂正も含まれていた。そしてそのわずかな瞬間に、時間は過ぎ去った。時間とは、それだけのものだったからである。**神**から答えを与えられたものは、答えを得て、消え去っている。〔T-26.V.3　傍点および［］内は著者による〕

〔原注〕ここに見られる「神は、神の教師を与えた」といった比喩的な言葉遣いについては、質問5の考察を参照。

『奇跡講座』が時間と空間をどのように捉えているかは、「テキスト」の以下の一節が要約しています。

なぜなら、時間と空間は、異なった形をとる同一の幻想だからである。それがあなたの心の外に投影されていれば、あなたはそれを時間と考える。それが実際に存在するところの近くにもってこられるほど、あなたはそれを空間という観点で考えるようになる。〔T-26.VIII.1:3-5〕

この「同一の幻想」とは、神からの分離を信じる信念のことです。そしてそれが、この何十億年もの時を経て、ほとんど無限に広がるかに見える物理的宇宙全体の根底にある想念なのです。それでも「想念はその源を離れない」〔W-pI.167.3:6〕ので、一見すると広大な宇宙も、依然として、この単純なひとつの想念が、すなわち、狂気の中でそれを考えた分裂した心の内側に常に存続する想念が、顕現されたものなのです。

この分離の想念を、すなわち、真実には一度も起こらなかった「小さな狂った考え」を、心の外へと投影することにより守り続けることが、自我の戦略に不可欠の部分です。それを心の外のものとすることにより、神の子は、聖霊という同じく彼の心の中に現存する存在に頼り、その考えを取り消す、ということができなくなるからです。もし神の子が、自分に心があるということを忘れ、自分の心が下した分離するという決断との接触を失ってしまえば、彼には自分の心を変える方法はまったくなくなります。これが、自分の存在を維持するための自我の策略が、究極のゴールとしていることです。

したがって、分離の想念が神の子の心から「遠く離れた」ところに投影されるとき、それは時間という次元に表現されます。すなわち、過去、現在のように見えるもの、そして未来といったものは、心が下した神および聖霊から分離するという決断と、自分自身を肉体として経験している神の子の経験との間に、自我が持ち込みたいと願っている何十億年という巨大な隔たりを確かに反映しているように見えます。分離の想念が、一個人ともうひとりの人との間で経験されるとき、つまりその人自身についての経験にもっと近いところで経験されるとき、それは空間として理解されます。その空間とは、私たちが自分たちの〈特別な関係〉の中で、自分と他者との間に経験する物理的な隔たりのことです。別な言い方をすれば、時間は（したがってまた空間も）、原因（心および心が考える諸々の想念）と、結果（私たちの痛みや苦しみ）とを分離したままにしておくことを目的として、自我により作り出された、ということです。こうして、私たちの経験においては、心が下した分離するという決断と、様々な夢についての数多くの脚本との間には、今では巨大な隔たりが存在しています。そして私たちは、これらの夢の中の登場人物となって、痛みや苦しみを経験しています。原因と結果がひとつ所に運ばれて、それにより取り消されたときにのみ、すなわち、私が自分と呼んでいる人物が、分離の夢から醒めて、贖罪を受け入れるときにのみ、真の癒しがあり得るのです。

ですから、結論を言えば、時間（および空間）の世界とは、時間と空間という防衛の背後に巧妙に隠されて、神の子の心の内側に秘められたまま存続している分離の想念が、神の子の心の外側に投影され、形として表現されたものにすぎないと理解することができます。

質問17．自我の心は人間の頭脳と等しいのでしょうか？

いいえ、心は非物理的、非具体的なものです。つまり、実験室で解剖されたり、カメラで写真に撮られたり、経験的手法で分析されたりすることのできないものです。他方で、頭脳は物理的な器官であり、見たり触ったり、解剖したりすることもでき、実験室で容易に研究することが可能なものです。それは、肉体を動かしているかに見える「コンピューター」のようなものです。入力される感覚データを、一見すると意味がありそうなパターンへと体系化し、すべての身体系統や機能に指示を与えて、それらを物理的宇宙の中の肉体が置かれている場所に順応させます。けれども、本当は、心がプログラマーであり、心が頭脳に指示を与えて、心が適切と理解するとおりに頭脳を機能させるのです。これは、オペレーターが命じることをコンピューターが行うのと同じです。心がすべての指令を発するコマンド・センターです。そこからのコマンドが、すでに終わっていて真実には一度も存在したことのない時間と空間からなる世界を、経験的現実として確立するよう頭脳に指示するのです！

したがって、頭脳はそれ自体で単独には、何もすることができません。それは、心の受信器官にすぎないからです。頭脳が心から独立して機能することができるという狂った信念―分裂した心と自我自身を守るための自我の戦略に不可欠なもの―については、「ワークブック」からの一節が次のように述べています。

あなたはまた、肉体の頭脳が考えることができるとも信じている。もしあなたが想念というものの本質を理解していれば、このような狂った概念は笑い飛ばせるはずである。それはまるで、自分がもっているマッチで太陽に光をともし、あれだけの熱を生じさせることができると思うようなものである。あるいはまた、自分で手放すまでは、世界をしっかりと手の内に握っていられると思うようなものである。しかし、肉体の目が見たり頭脳が考えたりできると信じる愚かさも、これらの喩えと同じくらい愚かなことである。
〔W-pI.92.2〕

頭脳と心、すなわち結果と原因の関係については、「テキスト」が以下のように述べています。

頭脳は、あなたの心眼《ヴィジョン》が［理性に基づいて、あるいは心の中に存在する聖霊に基づいて］見ているものを、解釈することはできない。・・・・・・。頭脳は、自らがその一部をなしている肉体［のみ］に向って解釈をする。〔T-22.I.2:7,9　［］内は著者による〕

ですから、明らかに、真に解釈する主体は、頭脳ではなく心なのです。このことは「教師のためのマニュアル」からの以下の一節において力説されています。ここでは、知覚の原因は心であると捉えられており、眼や頭脳ではないことが示唆されています。ちなみに、この一節は『奇跡講座』原書の初版には収録されていません。

しかし、目が見ているものを判断するのは、もちろん心である。目が伝える数々のメッセージを解釈し、それらに「意味」を与えるのは心である。・・・・心が定めた価値の順位が外側に投影され、心は肉体の目にそうした順位を見つけにいかせる。・・・・しかし、知覚の土台となるのは、それらの目がもち帰るメッセージではない。心だけがそれらのメッセージを評価するので、見ることに責任があるのは心だけである。心だけが、見えているものが実在するのか幻想なのか、望ましいのか望ましくないのか、楽しいことか辛い

ことかを決めるのである。〔M-8.3:3-4,7,9-11〕

質問18. 心はどこに存在しているのでしょうか?

『奇跡講座』の中で教えられているように、また、私たちが先に論じたように、心は頭脳とは違い、形を持たない非肉体的、非物質的なものです。目に見えず、触れることもできません。心はまた、非空間的、非時間的なものですから、時間と空間が実在するという想定を土台としているこの質問に答えることは不可能です。「どこに」という言葉自体が、心には知られざるものである空間の次元を暗示しています。したがって、この質問に答えることは、心の本質そのものを否定することになります。また、心こそが肉体を投影した主体であり、肉体の真の原因であるにもかかわらず、肉体が実在していて、心から独立しているという信念を強化することになります。

質問19．どのようにすれば、人は心にアクセスして、心を変化させることができるようになるのでしょうか？

ある意味では、まさにそうしたことができるように私たちを助けることが、『奇跡講座』の目的であるとも言えます。自我の思考体系の土台をなす礎石は、私たちの赦されていない罪悪感です。これがあるために、私たちは、一つの肉体として、また個別の人格として、物理的、心理的な経験をし続けることになります。ですから、自我の目標は、私たちの心の中にある罪悪感が取り消されないように「守る」ことです。私たちの個別の人生を設計するプログラマーは、私たちの心の中のこの罪悪感であり、したがってこの罪悪感こそが、赦しというこのコースの中心的教えにより、取り消されなくてはならないものです。

赦しによってこの無意識の罪悪感が取り除かれ、私たちが〈間違った心の状態〉から〈正しい心の状態〉へと移行するとき、私たちは、聖霊が私たちのプログラマーになることを受け入れます。そうして、聖霊の愛と平安が私たちの心を介してもたらされ、恐れと憎悪の自我の思考体系に代わって、私たちの導き手となります。自我は常に、自分が開発した何らかの新しい方式を、なんとかして私たちに採用させようとします。たとえば、「心」をプログラムし直し、それにより頭脳が人生を「修復」して再プログラムすることができるようにするという、昨今の自己啓発テクニックといったものもその一つです。そのようにして、私たちは、自我の思考体系にさらにがんじがらめに捕まってしまうのですが、意識的にはそれが自分のしていることだとは気づきません。けれども、私たちが留意すべきことは、まず最初に私たちを分離へと導いたのは、「自分は、自分自身を創造した独立の存在であり、ものごとを自分で達成することができる」というこの信念そのものだったということです。さらには、すべての想念が、基本的にこの信念に沿った考え方をし、この信念を根本的な目標としているはずだ、ということにも留意しなくてはなりません。

自分自身や他者についての私たちの知覚を訂正してくれるよう聖霊に助けを求めるための「わずかな意欲」をもつ、という『奇跡講座』の重要な原理は、私たちに一種の謙虚さの感覚を吹き込みます。これが積み重なっていくとき、自我の思考体系が私たちに提唱したり教えたりしていることとは関係なく、私たちは自分にとって何が最善の利益であるかを知らないという認識に達します。ですから、〈正しい心の状態〉

となり、そのままであり続けるためには、常に聖霊にアクセスしなければならないと認めることが、私たち自身の責務なのです。

『奇跡講座』の中でイエスは、さらに具体的に、自分の自我を裁くことなく直視するようにと、彼の生徒たちに命じています。まさにこれが、心にアクセスする方法なのです。もし彼らが、イエスの愛を傍らにして、自分の自我が活動している様を、裁く気持ちや罪悪感を持たずに見ることができるとしたら、そのとき、そのように見ている主体は誰なのでしょうか？　自我ではあり得ません。それは、肉体の中には存在していない心――より正確には、私たちの心の中の〈決断の主体〉――であり、したがって、自我ではありません。「テキスト」からの以下の一節は、このプロセスについて、そしてまたイエスが、彼の講座《コース》を実践するためにこのプロセスがどれほど中心的な役割を担うと考えているかを、きわめて明確に描写しています。

> 幻想を直視しない限り、誰も幻想から逃れることはできない。見ないでいることにより、幻想が保護されているからである。幻想が危険なはずはないのだから、幻想からしり込みする必要はない。私たちには、自我の思考体系をもっと詳しく見る準備ができてい

る。なぜなら、私たちが共に居れば、それを一掃できるランプがあるからである。そして、あなた自身も自分はそれを望まないと気づいているので、準備ができているはずである。これを行うにあたり、私たちはきわめて冷静でいよう。私たちはただ正直に真理を探しているだけだからである。これからしばらくの間、自我の「力動論」が私たちが学ぶレッスンとなる。というのも、あなた自身がそれを実在のものとしたので、その向うが見えるようになるためには、まず最初にそれを見なければならないからである。私たちは一緒にこの誤りを静かに取り消し、その後、それを超えたところに真理を見ることになる。

癒しとは、智識の前に立ちふさがるすべてのものを取り除くこと以外の何だろう。そして、幻想を保護せずに直《じか》に見つめること以外に、どのようにして幻想を一掃できるだろう。〔T-11.V.1:1-2:2〕

そしてやはり「テキスト」から引用の以下の簡潔な文の中に、このプロセスの目標がはっきりと宣言されていることがわかります。

これはこのコースにおいて決定的に重要な時期である。なぜなら、ここで、あなたと

自我との分離が完全となる必要があるからである。〔T-22.II.6:1〕

ここの「あなた」とは、心の中の〈決断の主体〉のことです。すなわち、私たちの分裂した心に属する、選択を行う部分のことであり、いまでは自我（間違った心）ではなく、聖霊（正しい心）と一体感を持つようになっている部分です。

質問20．〈一なる子〉とは何を意味しているのですか？　また、誰が、あるいは何が、そこに含まれるのですか？

『奇跡講座』の中では、〈一なる子〉、あるいは神の子という用語は、実相の状態を示す場合と幻想の状態を示す場合の二通りに使われています。天国においては、〈一なる子〉は神の一なる被造物、すなわち神のひとり子であるキリストを指しています。その神の子は、すでに見てきたように、完全に統一されており、彼自身とも、創造主とも一体です。夢のレベルにおいては、〈一なる子〉が指しているのは、「自らが分離を達成できたと信じ、分裂を生じたひとつの心」に属するすべての部分です。そして、その分離の中では、すべての断片が独自の形や生命をもつかに見えます。ですから、いわゆる動物界、植物界、鉱物界と呼ばれるものもすべて、人類と同じように〈一なる子〉の一部をなしています。何が生物で、何が無生物か、といった区別は、人類が独断で持ち込んだものです。つまり、一つの幻想の世界を区分して管理し、「すべての生きものを治める」（「創世記」1:26,28）ことができるように、自我の教えに従ったということです。そうした信念こそが、『奇跡講座』が混沌の法則第一条と呼んでいるものです。それは、「幻想には順位がある」〔T-23.II.2:3〕という信念であり、それによれば、幻想のいくつかの側面はその他よりも高度であるとか、より進化しているとか、より精神性が高いとか見なされます。これはたとえば科学者が、生命の領域と非生命の領域があることが暗示する「存在の連鎖」というものについて語る、といったことです。けれども実は、「生命」のあらゆる形態が同じものなのです。なぜなら、それらはすべて、神から切り離された生命という自我の想念の投影であるという点で、等しいからです。これは、真の生命《いのち》の想念（または記憶）に対抗する防衛であり、その想念は、断片のごとく見えているすべてのものの心の中に存在する聖霊により保持されています。これが、イエスから父なる神への祈りの形で与えられている、以下の一節が意味していることです。

父よ、私は**あなた**に感謝します。**あなた**の神聖な**子**のばらばらになった断片の間の小さな隔たりの一つひとつを閉じるために、**あなた**が来てくださると、私は知っています。完全にして完璧な**あなた**の聖性は、彼らの一人ひとりの内に宿っています。そして、ひとりの中にあるものは彼ら全員の中にもあるがゆえに、彼らはつながっています。最も小さな一粒の砂であっても、それが**神の子**の完全な絵の一部であることが認識されるとき、それはなんと神聖なものでしょう！　断片の見かけ上の形態は、何も意味しません。なぜなら、その一つひとつの中に全体が宿っているからです。**神の子**の一つひとつの側面は、他のすべての部分とまったく同一です。〔T-28.IV.9　傍点は著者による〕

心の中にある「分離した神の子」という想念は、形態ではなく内容です。そしてそれが、「人は自らの創造主から分離し、独立して存在できる」という想念です。この想念がまとう形態は――たとえば、それが生物か非生物か、単一細胞生物かほ乳類かなどは――関係ありません。その想念は同じものであり続けるからです。そして、それぞれの想念の向こうには、神の想念があり、私たちがそこに戻るその瞬間まで、それは聖霊によりしっかりと保管されています。

質問21・『奇跡講座』は、死は存在しないと教えています。これは、肉体の不滅性が可能だという意味に受け取っていいのでしょうか？

それは違います！このコースは霊が不滅であるがゆえに、死は存在しないと教えているのです。「ワークブック」には「私は神に創造されたままの私である」というレッスンが三度も出てきますし、この概念は一つの復習シリーズの中心テーマともなっています。このことは、二つの概念の重要性を浮き彫りにしています。すなわち、神が創造したもの（キリスト）だけが永遠のものであるという概念と、この肉体からなる世界――天国の対極のものとしてつくり出された世界――は、不滅性を不可能なものにすることをその課題としているという概念の二つです。「テキスト」はその初めの方で、自我には「永遠性」に到達する能力がないということについて、以下のように述べています。

自我は、永遠なるものには献身しないほうが有利だと考えている。なぜなら、永遠なるものは**神**からくるはずだからである。永遠性は、自我が身につけようとした一つの機能だが、それを達成することにはいつも決まって失敗してきた。自我は永遠性という問題についてては妥協している。また、真の問いにいくらかでも触れるような問題のすべてに対しても、同じように妥協している。〔T-4.V.6:1-3〕

さらに言えば、肉体は唯一、夢の中だけに――私たちが人生と呼んでいる幻覚の中だけに――存在するものであり、この「人生」の長さは、実相とはまったく何の関係もありませんし、ましてや霊が有する永遠なる生命《いのち》と関係ないことは言うまでもありません。

ですから、肉体の不滅性という言葉そのものが、自家撞着であり、『奇跡講座』の神学についての誤解を反映する矛盾であり、実相と幻想の間の決定的な違いを曖昧にするものだということがわかります。ですから、この概念は、多くの分離した心がもてあそぶ自我の策略の一つにほかならず、それにより自我の思考体系と自我の世界を実在のものにすることで、このコースの真の意味を曲解しようとしているのです。
シェイクスピアは『ヴェニスの商人』の中で、悪魔は自分の目的のために聖典を引用することができると述べていますが、『奇跡講座』を学ぶ人々の自我も残念ながら、同じようなごまかしをすることができるのです。もし彼らが、自分たちが（そして自分たちの肉体が）不滅のものであり得るという自分自身の信念体系を支持したいと望むなら、文脈を無視して一部の記述だけをこのコースから取り出し、自分たちの願望に沿う形に歪曲することは簡単です。たとえば、「テキスト」十九章で三つ目の「平安への障害」である「死の魅力」について述べたセクション中の「腐敗しない肉体」という小見出しの箇所には、以下のような記述があります。

あなたには別に献身するものがあり、それにより肉体はあなたの神聖な目的に役立つ限り、腐敗することなく完璧に保たれる。肉体は感じることができないのと同じように、死ぬこともない。・・・・・
死は、もしそれが真実だったとすると、親交《コミュニケーション》の完全かつ決定的な途絶ということになり、それが自我のゴールとするところである。〔T-19.IV-C.5:1-2; 6:5〕

そしてもうひとつ、肉体が不滅であり得ると証明するために、文脈から切り離して取りあげられてきたのが、「教師のためのマニュアル」の「死とは何か」というセクションの以下の一文です。ここでは、その一行だけを紹介しますが、次の質問においてこの一節全体を引用します。

しかしまた、**神**から生まれていながら、死ぬことができるものなどあるだろうか。
(M-27.6:8)

そうして、人々は、自分たち ― 物理的、心理的な個人としての自分たち ― は永遠なる神により、神ご自身と同じに創造されたのであるから、決して死ぬことはないと、誤って結論してしまいます。それから、この文が肉体の不滅性が正しいことを断言する根拠となります。ここで明らかに間違っているのは、神が実際に彼らを個人として、そしてまた肉体として創造したと信じている点です。真に「神から生まれた」のは、キリスト、すなわち霊のみからなる私たちの真の自己であり、永遠にして決して死なない存在とはその自己です。物理的、心理的アイデンティティーを有する偽りの自己は、誕生、人生、そして死という幻想だけが存在する夢の内側でのみ存続します。

一部の人々は、それだけでなく、前記の文言を用いて、『奇跡講座』が肉体は腐敗しないと明言し肉体の不滅性を唱道していると証明しようとします。けれども、彼らは、先に見た「テキスト」十九章の一節（およびこのセクションの題名）を不完全な形で引用することにより、その文脈を理解しそこなっているのです。死が真実ではなく、「肉体は感じることができないのと同じように、死ぬということもない」ということの理由は、肉体は真に存在してはいないからなのです。実際、真理においては肉体は死なないのですが、それは、肉体が生きていないからなのです。神の子の眠っている心が見ている実体なき夢の中においてのみ、肉体は生まれて、生きて、死ぬように見えますが、これは生ける神ご自身は全く知らない一連の事象の流れです。さらに、肉体の死は、初めに生命《いのち》があったことを前提としています。そうでなければこの概念は無意味だからです。イエスはまたこの同じ一節で、次のようにも述べています。

> それ〔肉体〕は何もしない。それ自体では、腐敗するものでもしないものでもない。それは無である。肉体は、腐敗という小さな狂った想念の結果であり、その想念は訂正可能である。〔T-19.IV-C.5:3-6　〔〕内は著者による〕

無であるものは、生きないし、生きることはできません。したがって、それは死なないし、死ぬことはできないのです。

「テキスト」の中には、肉体から完全に実存が欠けていることを描写した、さらに迫力のある一節が見られます。つまり、それは主人の思わく通りに動く生命《いのち》なき操り人形のようなものだというわけです。その主人、人形遣い、すなわち肉体の主人とは、もちろん心のことです。

> 肉体を罰する者は狂っている。なぜなら、小さな隔たりはそこに見えてはいるが、そこに存在してはいないからである。肉体が自分を裁いたことはなく、自らを自分の本質とは違ったものにしたこともない。肉体は、苦痛を喜びにしようとしたり、塵の中に永続する喜びを探そうとしたりはしない。自分の目的が何であるかをあなたに告げるこ

とはせず、自分が何のためにあるのかを理解することもできない。肉体が誰かを犠牲にすることはない。それには意志も嗜好も疑問もないからである。自分とは何かと思いを巡らせることもしない。したがって、競争する必要もない。肉体は犠牲にされることはあるが、自らを犠牲者と感じることはない。肉体は何の役割を受け入れることもないが、命じられたことは、攻撃なしに実行する。

見ることができない物体に視覚についての責任をとらせ、あなたが気に入らない音について、聞く能力もないものを非難するというのは、まったく分別のない考え方である。肉体は感情をもたないので、あなたが罰を与えても苦しまない。あなたが望む通りに行動するが、決して自ら選択をすることはない。生まれることも、死ぬこともない。それは自分が置かれた道を目的もなくただ進んでいくことができるだけである。〔T-28.VI.1:1-2:5　傍点は著者による〕

もう一度繰り返しますが、神の子の分離の夢の中では、まさに、肉体は生まれて、生きて、死んでいくように見えます。けれども、これは幻想の世界の中だけのことです。なぜなら、霊という実相においてのみ、生命《いのち》つまり実存は真に存在するからです。そして、これは自我からのものである物理的な存在とは何の関係もありません。だからこそ「テキスト」のはじめの方で、イエスは、実在しない存在の具体性と、実存の抽象的な実在性とを対比させているのです。〔T-4.VII.4,5〕

　結論を言えば、『奇跡講座』は、議論の余地なく霊のみが不滅であると教えています。その他の何らかの状態 ― 物理的な状態 ― において私たちが存在できると信じることは、自我の試みに従うことに他なりません。それは、分離の夢を一つの現実となし、その中で、自我が人生と呼んでいる幻想を私たちに信じ込ませることで、私たちの個人的なアイデンティティーを確保しようとする試みです。そしてこの試みは、当然ながら、このコースの究極の目的とは真正面から対立しています。『奇跡講座』は、私たち全員が個人性という夢から醒めて、不滅なる神のひとり子キリストとしての真のアイデンティティーに気づくよう助けることを、目的としているからです。

質問22．私たちが死ぬとき何が起こり、私たちはどこへ行くのでしょうか？
多くの人々が報告している臨死体験は、『奇跡講座』を学ぶ者たちにも関

係する事柄なのでしょうか？

死への「移行」は、次のようないくつかの状況に喩えることができます。（1）睡眠中に一つの夢から別の夢へと移行する。（2）一つのビデオ映像を見終えて、別のビデオ映像を見始める。（3）一つのテレビ番組が終わったあとで、または番組の途中であっても、自分で選んで、チャンネルを切り替える。（4）十九世紀インドの偉大な聖人ラーマクリシュナが教えたように、一つの部屋を後にして別の部屋に行く。

意識というものは、分裂した心に固有のものであり、頭脳または肉体の中には見つからないのですから（ただし、そこで経験されますが）、肉体の死とは、その人の心の状態に終わりがくるという幻想に他なりません。しかし、その人の心の状態は死においても保持されます。この分離の想念は、肉体の上に投影されてはいますが、依然としてその源、すなわち間違った心の中にあり続けます。ですから、死ぬとき、人はどこにも行きません。テレビのチャンネルを切り替えるという喩えに戻れば、テレビを見ている人の注意が、或るチャンネルに出てきた或る場所から別のチャンネルに出てくる別の場所へと移行したとしても、物理的にはその人は居間の同じソファに座ったままでいるということです。

さらには、私たちが死と呼んでいるものは、悟りや平安をもたらすことはないと、認識することが大切です。自我の思考体系の全部を手放し、それにより間違った心を手放す、というプロセスを完了させなければ、解脱や復活を達成することはできません。実際にイエスは、そうした死についての現実逃避的な見方に対して以下のように具体的に戒めています。

生命《いのち》か死か、目覚めか眠りか、平安か戦いか、あなたの夢かあなたの実相か、これ以外に、あなたは何を選ぶことができるだろう。死は平安であると考える危険性がある。それは、この世界は肉体を**神**が創造した**自己**と同一視しているからである。しかし、一つのものがその反対のものになることはできない。死は平安の反対である。なぜなら、死は生命《いのち》の反対だからである。そして、生命《いのち》がすなわち平安である。目覚めなさい〔復活を意味している〕。そしてすべての死の想念を忘れなさい。そうすれば、自分に**神**の平安があることがわかるだろう。〔T-27.VII.10:1-6　傍点および〔 〕内は著者による〕

この「肉体の死が、肉体からの自由や解放をもたらす」という信念のバリエーションとして最近よくある形の一つが、多くの人々の「臨死」体験の中に見られます。そして私たちのクラスやワークショップにおいても、よくそうした体験についての質問が出されます。そうした報告はたいてい、肉体から去って、暗いトンネルを通り抜けて、光の輪や、多くの場合イエスと識別される光の存在へと向かっていくという、その人の体験を含んでいます。そして、この、どこまでも愛に満ちた優しい存在は、時に、その人と共に人生を振り返り、その後、その人が学びを完了させるためとか、何らかの責務を受け入れるためとか、あるいはまた何らかの重要な働き（これは常に、自我のもつ特別性の必要を喜ばせるようなもの）を担うためといった目的で、その人を「送り返す」ということが起こります。

こうした臨死体験の価値を判断することは誰にもできませんし、そうした体験が人々に及ぼしてきた非常に肯定的な影響を否定するのは愚かなことです。しかしながら、そうした体験についての「神学的」見地からの説明や、そうした体験から引き出された、人生、死、そしていわゆる死後の世界や「来世」等に関する結論について、意見を述べることはできます。

心は確かに肉体の中に存在するかに見えますが、私たちが覚えておくべきことは、『奇跡講座』は非常に明確に「心は肉体の中には存在しない」と述べている、ということです。「ワークブック」は、例えば、次のように述べています。

> 心は自分が眠っていると考えることができるが、それだけである。心は自分が目覚めているときの状態を変化させることはできない。心は肉体を作ることができないだけでなく、肉体の中に住むこともできない。心にとって異質であるものは存在しない。なぜなら、そうしたものには源がないからである。・・・・
>
> 一見、生命《いのち》の反対の状態のごとくに見えるものは、ただ眠っているだけである。心が心ではないもの［肉体］になることを選び、自分がもっていない異質の力を身につけようとしたり、自分が入っていくことのできない異質の状態［肉体］や自分の源の内にはない偽りの状態を装おうとするとき、心は少しの間、眠りにつくように見える。その心は時間という夢を見る。すなわち、一度も生じたことのないものが生じ、実体のない変化がもたらされ、どこにも存在していない出来事が存在するかに見える間隔を、夢見る

のである。目を覚ませば、その心は、これまで通りに存続していく。〔W-pI.167.6:1-4;9　傍点および〔〕内は著者による〕

そしてまた、「テキスト」十八章の「肉体を超えて」というセクションは次のように述べています。

復讐の家はあなたの家ではない。あなたが自分の憎しみを住まわせるために確保した場所は牢獄ではなく、あなた自身についての幻想にすぎない。肉体とは、心の永遠なる特性である普遍的な親交《コミュニケーション》に課せられた制限である。しかし親交《コミュニケーション》は内的なものである。心は心自身に到達する。それは互いに相手に到達し合ういくつもの異なる部分によって構成されているのではない。それは外に出ていかない。それ自身の内側に限界はなく、その外側には何も存在しない。それは一切を包含している。それはあなたをすっぽりと包み込んでおり、あなたはその中にあり、それはあなたの中にある。それ以外のものは、どこにも、永遠に、存在しない。〔T-18.VI.8:2-11　傍点は著者による〕

したがって、『奇跡講座』の観点から考えるなら、そうした臨死体験は形態のレベルにおいて意味をなさないということが分かります。私たちが、肉体の中に一度も存在したことがないのであれば、どうして自分の肉体から去って、トンネルを通り抜けて、大いなる光に出会うなどということができるでしょう。真の自己は、肉体の中ではなく心の中にあり続けるということを思い出してください。それは、夢を見ている者の自己が部分的に夢の中に反映されてはいても、夢の中には居ないのと同じです。

繰り返しますが、これは、個人的な体験を否定したり、無効と見なしているのではありません。そうではなく、その人にとってはどれほど正当な根拠のあるものであっても、それについての解釈は純粋に主観的なものであり、「客観的な」真理として受け取られるべきものではない、と言っているのです。たとえば、誰でも、毎日、昇っては沈む太陽を経験しますし、多くの人々が、日の出や日没が、非常に深い審美的な感覚や、霊的とも言えるほどの感覚を引き起こすと報告しています。それでも、私たちは科学的に言えば、太陽は昇ることも沈むこともせず、動いているのは、地軸を中心に自転しつつ太陽の周りを公転している地球の方であると知っています。私たちの経験はその真実の説明とは逆になっています。同様に、私たちはみな、知的には地球は丸いと理解していますが、日常の生活においては、地球を平面状のものとして経験しています。ですから、死の間際に起こることについての誰かの体験や、死んだとき（または臨死において）人が行く場所についての体験などは、体験したこととして理解されているものが真に存在している通りのものだということを、必ずしも意味してはいません。繰り返しますが、『奇跡講座』のレンズを通してそうした体験を眺めるとき、それらはかなり違ったものとして理解されることになります。すなわち、それは、「その心が肉体の上に、また生や死や臨死からなる肉体の世界の上に投影した、赦しの表現である」と理解されます。

　したがって、すでに見てきたように、もともと、心は肉体の中に存在したことなどないので、肉体の外に出るという体験というものも実際にはあり得ません。ですから、心には、肉体を後にして、トンネルを通り抜けて、すっかり肉体から離れたあとでイエスに出会う、といったことはできません。さらに、このように信じることには一つの危険性があります。それは、そのような平安や喜びや幸せは、唯一、「死んで」肉体から離れたあとでのみ、その人に訪れる、ということを強力に示唆しているからです。実際に、そういった体験をした人々の多くが、そのように述べています。『奇跡講座』

の焦点は、自我ではなくイエスまたは聖霊を選び、今この時を聖なる瞬間とすることを選択し、今この時にそれを体験する、という点にあります。天国に行くために、人は死ぬ必要はないのです。天国とはすなわち、心の中で完璧な一体性だけを自覚していて、それ以外には何も自覚していない状態のことです。たびたび報告されているような赦しの素晴らしい体験は、肉体から去り、トンネルを通り抜け・・・といったことがなくても、聖なる瞬間において体験することができるのです。（今はやりの『フラットライナーズ』という映画の中で描写されているように）臨死体験を取り上げて理想化し、追求の対象にするなら、実際のところ、自我の基本的な戦略に協力することになってしまいます。肉体に実在性を与えた上で、肉体を忌み嫌うべきものにしてしまうという戦略です。これは、人々が、肉体という闇の牢獄から自由になりたいと望み、非物質的な光の中へと脱出したいと切望するような状況を作り上げます。そしてその間、自我による分離、罪悪感、特別性の思考体系は、「実在している肉体、つまり物理的世界に真に存在する肉体というものが本当にある」という信念に守られて、居心地よく心の中に抱かれたまま、ということになります。

ですから、そうした体験の実在性を信じることは、『奇跡講座』の中でイエスが警告している、真理と妥協すること、すなわち、光と闇の両方に同等の力と実在性を与えることにほかなりません。「教師のためのマニュアル」の死についてのセクションには、そうしたことに対する警告が明記されています。この重要な一節を以下に引用します。この一節は、死に関する標準的な宗教的信念に言及するところから始まっています。つまり、死んだなら、魂は自由になって神のもとに戻る、もしくは、煉獄についてのカトリック教義にあるような魂の旅路を続けるといった信念です。けれども、昨今の臨死体験に対する興味・関心も、先に見た通り、物理的宇宙と個人的存在―肉体や心や、間違って「霊」と称されているもの―の幻想性を認識しようとはしない、という同一のカテゴリーに入ります。

死にゆくものの一部でありながらも、死すものから離れて生き続ける部分［魂、または「生命力」など］が存在するという奇妙な信念は、愛ある**神**を宣言することにも、信頼の根拠を建て直すことにもならない。もし何にとってであれ死というものが実在するのなら、生命《いのち》は存在しないことになる。死は生命《いのち》を否定するものである。だが、生命《いのち》に実在性があるのなら、死が否定される。ここに妥協の余地はない。恐れの神か、**愛の神**か、どちらかしかあり得ない。世界は無数の妥協を試みており、これからも幾度となく妥協しようとするだろう。そのどれ一つとして、**神**の教師たちには受け入れられないものである。なぜなら、そのどれ一つとして、**神**に受け入れられないものだからである。**神**は恐れを作り出さなかったので、死も作り出さなかった。そのどちらも、**神**にとっては等しく無意味である。

死の「実在性」は、**神の子**は肉体であるという信念に堅く根ざしている。そして、もし**神**が肉体を創造したというのなら、死はまさしく実在するものとなる。ただし、**神**は愛に満ちた存在ではないことになる。実相世界の知覚と幻想の世界の知覚との間にある対照性が、これ以上に際立って明白になる地点はない。・・・・

「そして、最後に亡《ほろ》ぼされるは死なり」「「コリント人への第一の手紙」の中の、聖パウロによる有名な一節 15:26)」。これは、もちろんその通りである！　死という概念がなければ、世界は存在しない。すべての夢は、この夢と共に終わる。これが、救済の最後のゴールである。すなわち、すべての幻想の終わりである。そしてすべての幻想は死の中で生まれる。死から生まれていながら、生命《いのち》をもつことができるものなどあるだろうか。しかしまた、**神**から生まれていながら、死ぬことができるものなどあるだろうか。死にしがみつきながらもなお、愛を実在するものと考えようとする虚しい試みの中で、世界が助長している矛盾や妥協や儀式といったものは、心が伴わない魔術であり、何の効果もなく無意味なものである。**神**は在るのみである。そして、**神**の中では、創造されたすべてのものは永遠不変のはずである。そうでないとするなら、**神**と正反対のものが存在することになり、恐れは愛と同じように実在することになるということが、あなたにはわからないだろうか。

神の教師よ、あなたの唯一の課題は、次のように述べることができる。死が関与している妥協を、一つでも受け入れてはならない。残虐性を信じてはならないし、攻撃によりあなたから真理が隠されることのないようにしなければならない。死ぬように見えるもの「これまでは「生きていた」肉体」は、誤って知覚されて幻想のもとに運ばれただけのものである。今や、幻想が真理へと運ばれるに任せることがあなたに課せられた任務となる。移り変わる形の「実在性」らしきものによって欺かれないという態度を、断固として貫きなさい。真理は不動であって、揺らぐこともなければ、死や消滅へと沈んでいくこともない。そして、死の終わりとは何だろうか。それはただ、**神の子**は今もこれからも永遠に無罪だと悟ることである。これ以外の何ものでもない。しかし、これ以下のものでもないということを、自分に忘れさせてはならない。〔M-27.4:1-5:4:6-7　傍点および〔〕内は著者による〕

したがって結論を言えば、生きたあと死ぬかに見えるもの、変化し、成長し、そのあとは衰退していくかに見えるもの、あるいは他のものから分離しているかに見えるもの、これらはすべて神からのものではなく、実在のものではあり得ない、と理解することができます。そうして、どのようにであれ肉体に関わるすべてのカテゴリーは――死や臨死も含むすべては――真に存在してはいないがゆえに、真に意味を持たないということになります。幻想の中におけるそれらの唯一の意味は、それらが、意味あるものと無意味なものとを弁別するレッスンを私たちが学ぶための教室となることにあります。

質問23．悟りまたは復活とは、肉体からの自由を意味するのでしょうか？

そうではありません。というのも、心は肉体に幽閉されているのではなく、自我の思考体系と同一化するという心自身の決断の中に幽閉されているからです。したがって、悟りとは、夢から目覚めること、つまり、唯一、心のレベルにおいてのみ起こるプロセスであると理解できます。このコースが「悟りとは認識にほかならず、変化のことなどではない」〔W-pI.188.1:4〕と述べている通りです。したがって、悟りとは、神に創造されたままの自分自身を受け入れること、および、「真理においては神からの分離は一度も起こらなかったのだから変化は必要ない」と認識することだと理解することができます。この認識が、『奇跡講座』の「贖罪を自分自身に受け入れる」という言葉が意味していることです。さらに、このコースによる復活の定義は、「自我の死の夢から目覚めること」であり、これは、「教師のためのマニュアル」の「復活とは何か」という質問への答えに見られる通りです。死は肉体とはなんら関係がないので、ここでは、死を「克服する」プロセスははっきりと心の中のものとされています。

　ごく簡単に言って、復活とは死を打ち負かすこと、または克服することである。それは再覚醒あるいは再生であり、世界の意味について心を変えることである。世界の目的に関して、**聖霊**の解釈を受け入れることであり、自分自身に贖罪を受け入れることである。それは不幸の夢の終わりであり、**聖霊**の最後の夢を喜んで自覚することである。・・・・復活とは生命《いのち》の肯定であるから、死の否定である。そのようにして、この世界のすべての思考が全面的に逆転する。〔M-28.I:1-4; 2:1-2　傍点は著者による〕

そしてまた、「テキスト」六章の「十字架刑のメッセージ」というセクションでは、イエスが、彼自身について、また、私たちへの手本としての彼の重要性について語っています。

　あなたの復活とは、あなたが再び目覚めることである。私は再生の手本であるが、再生そのものは、単に、あなたの心が自らの中にすでにあるものに気づくことにすぎない。**神ご自身**がそれをそこに置いたので、それは永遠に真実である。〔T-6.I.7:1-3　傍点は著者による〕

前記引用文のどちらにおいても、重点は心に置かれており、明らかに、肉体ではなく、心が復活（または赦しのプロセス）の生じるところであることを示しています。すべての夢の起源は、分裂した心です。ですから、訂正は、唯一そこにおいてのみ必要とされ、そこにおいてのみ真に効果をもたらすことができるということです。

したがって、人は、悟った上で、依然として肉体の中に居続けているという外観を呈することが可能です。例えば、イエスが自らの実相は肉体という夢の外側にあることを充分に自覚しつつも、肉体の中に存続していたようにです。復活は、「自分は実際に肉体の中に存在しているし、自分は一個の肉体だ」という信念からの解放だけを意味します。繰り返しますが、それは、心のレベルにおいてのみ起こるプロセスの最終到達地点のことです。なぜなら、自我の分離の夢は心のレベルにのみ存在し、ほかのどこにも存在しないからです。『奇跡講座』の中でイエスが何度も繰り返して教えているように、想念はその源の中にあり続けます。ですから、分離した世界や肉体という想念も、分裂した心の中にあるそうした想念の源から、一度も離れたことがないのです。

第三章　『奇跡講座』の応用と実践

質問24．このすべてが、夢や幻想、あるいはすでに書かれた脚本であるというのなら、私が自分の人生で何を行なおうと、どんな違いをもたらすというのでしょうか。

確かに『奇跡講座』は、一つのレベルでは、世界は幻想であり、ここで私たちが経験していることは、本当は幻覚にすぎないと教えています。しかし、イエスは、別なレベルでは、「この世界においてはその〔肉体の〕存在を否定することはほとんど不可能である。そうする者たちは、否定の中でもとりわけ無価値な形の否定に携わっていることになる」〔T-2.IV.3:10-11　〔　〕内は著者による〕と、はっきりと述べています。憎悪から生じたこの妄想的ホログラムの中に数多くの「人生」という脚本を書いたのは、私たちの間違った心（すなわち自我）なのですから、その当然の帰結として、自我の目的は、この世界における私たちの経験を実在するかに見せている信念を強化することにある、ということになります。そして、その信念には、神からの分離が実在するという私たちの信念が反映されています。否認という防衛以上にこの目的に役立つものはありません。この防衛は、罪悪感と恐れの想念を、受け入れ難いと思わせるほどに実在性あるものにすることにより、抑圧されるべきもの、二度と再び目に触れてはならないものにしてしまいます。これにより、分離の想念は、聖霊から「安全に保護されて」分裂した心の中で実在のものとして確実に存続することになります。

『奇跡講座』は、この夢の世界における二通りの生き方から一つを選ぶ選択というものを私たちに提示していますが、夢の中ではこれが私たちに残されている唯一の真の選択です。すでに触れたとおり、このコースは、私たちの心は分裂していると教えていますが、それは実際には以下のような三つの部分から構成されています。

(1) 自我の思考体系を保持している〈間違った心〉。この〈間違った心〉の内側においても私たちには複数の選択肢があるかに見えていますが、イエスは、自我の思考体系の中に選択の余地があると信じることは、妄想的であり、自己欺瞞であると明言しています。

（２）聖霊が住むところである〈正しい心〉。自我の思考体系の間違った想念や誤った創造のそれぞれに対する訂正を保持している部分。

（３）心の中の自我か聖霊かを選ぶ部分。私たちはこれを、〈決断の主体〉と呼んでいます。

それゆえに、分離の夢の中における私たちの唯一の真の選択肢と自由は、自分の〈正しい心〉を選び、〈間違った心〉が取り消されるようにすることだけです。この重要な点については、後の質問において再び論じる予定です。

『奇跡講座』は、この世界の唯一の目的は、私たちが赦しの脚本を選ぶようになることだと教えています。聖霊は、自我による罪と攻撃の悪夢の訂正を私たちに差し出しており、その中では、この世界は私たちが赦しのレッスンを学ぶことのできる教室となります。このようなやり方で、罪悪感という私たちが作り出したものであり最終的には肉体とこの世界を作り出させる要因となったものが、取り消されます。単に、「どうせ、それは問題ではない」といった正当化のもとに、自我による諸々の空想にふけることは、そうした欲求を実在のものにし（そのためでなければ、そのような空想にふけることはないはずです）、私たちを自我による罪悪感の夢の中に更にしっかりと根付かせます。そうした自己耽溺においては、抑圧された願望が、殺人、窃盗、詐欺、怒り、性的搾取などとして行動化されるということが起こり得ますし、一方では、無意味さ、憂うつ、さらには自殺といった想念にまで屈してしまうといったことも起こり得ます。

ですから、「私が自分の人生で何を行なおうと、どんな違いをもたらすというのでしょうか」というこの質問は、全く別な視点から理解できます。それは、私たちの人生に大きな意味を与える視点です。というのも、それは、「私には、どちらの夢に従うか、どちらの夢に忠誠を尽くすか、という選択ができる」と言っているからです。

要約すれば、形而上学的なレベルにおいては、私たちの個人的なアイデンティティーはもちろんのこと、私たちが行なうすべてが、一つの幻想です。しかしながら、私たちが確かに自分の居場所だと信じている夢のレベルにおいては、私たちの人生は非常に大きな違いをもたらします。私たちが何をするかではなく、誰と共にそれをするかで、大きく違ってきます。イエスや聖霊を自らの教師や導き手や友に選ぶことによってのみ、私たちは、自分を眠り続けさせて諸々の夢を見続けさせている原因を、取り消すことができます。それらの夢は、自分の源からの分離や、お互いからの分離の実在性を信じる信念に基づいたものです。私たちが脚本を変更することはできません。それはすでに書かれており、実際には、もう取り消されています。しかし、私たちは自我の脚本から、聖霊の脚本へと変更することはできるのです。私たちがこれを達成できるよう助けることが、『奇跡講座』の目的です。

質問25．このすべてが夢や幻想であるなら、私が子供のときに苦しんだ虐待は実在しておらず、否定され無視されるべきものだということなのでしょうか？

前問への答えをふまえて言えば、幼児虐待を含むどんな虐待も、原初の分離の想念と共に存在するようになった「より大きな脚本」の一部だと理解することができます。その大きな脚本は、そのあと何十億もの断片へと分裂しました。私が自分自身として経験している「私」も、私が自分のものと呼んでいる人生の経験も、〈決断の主体〉

が書いた「より大きな脚本」の一つの側面にすぎません。実際のところ、自我の脚本のすべては、対立するものから成る世界についての無数の夢として投影されたものに他ならず、その世界は「私たち（加害者）には、神および神の一体性（被害者）を自分の心から追放することができた」という信念から生じたものです。ですから、私たちの個人的な人生のどの部分も、被害者対加害者という自我の脚本が一つの形に凝縮したものです。さらに私たちは、「神は間違っていて自分は正しいと証明できるように虐待の痛みを経験する」という脚本を、自らの〈決断の主体〉が書いたことについての責任を、受け入れなくてはなりません。換言すれば、分離という想念や、犠牲という想念が実際に生じたがゆえに、そこには〈一なる子〉の一体性が存在していないのです。自分の夢についてのこの事実を受け入れることができるようになるまで、私たちは聖霊による訂正も癒しも受け入れることができません。最も重要なことは、人々は自分の夢の中で自分に起こっているように見える事柄を、決して否定すべきではないということです。これらの出来事が、彼らが夢から覚めるのを助ける手段となるからです。それよりも、彼らはまずそうした経験にしっかりと注意を払い、そのあとで聖霊に向かい、幸せな学習者となれるように、そして、自我の作り出した悪夢を消し去る幸せな訂正の夢を受け入れられるように、助けてほしいと頼むべきです。

　たとえば、ある人が、子供のときに非常に過酷な虐待に苦しんだがために、すべての記憶が抑圧されてしまい、そうした記憶にアクセスして訂正するということが不可能になっているとします。そうした場合には、その人が昔の虐待について思い出せるようにする治療的介入が、しばしば非常に助けになります。これが行なわれなければ、犠牲という想念を「保護する」ことになる恐れの想念に力が与えられてしまい、その力が実際に分離と苦痛という自我の思考体系を維持するために行使され続けます。それゆえに、『奇跡講座』が何度も強調しているように、幸せな赦しの夢が、究極の目覚めに先行しなくてはならないのです。その幸せな夢の中であれば ― 依然として分離の夢という背景の中にあっても ― その人は、夢の中の過去がもつ苦々しい象徴をイエスと一緒に直視し、それらを再検討できるもの、したがって訂正可能なものにすることができます。これが、以下に見るテキストからの重要な一節が意味していることであり、この文面からは訂正し癒そうとするイエスの愛がもつ優しさが伝わってきます。

無為な夢と同じくらい少しも恐ろしくないものが、**神の子**を恐怖に怯えさせてきたのである。そして、自分が無垢性を失い、**父**を拒否し、自分自身に戦争を仕掛けてきたと思わせてきたのである。その夢はあまりにも恐ろしく、あまりにも実在性のあるものに見えるため、もっと優しい夢が彼の目覚めに先立たない限り、彼が恐怖の冷汗や死を恐れる悲鳴なしに実相に目覚めることはできないだろう。それは、彼の心が穏やかになり、愛を込めて目覚めを呼びかける**声**を恐れずに、歓迎できるようにする優しい夢であり、彼の苦しみが癒され、兄弟が友となっている夢である。**神**は彼が喜びの中でそっと目覚めることを意志し、恐れることなく目覚めるための手段を与えた。〔T-27.VII.13:3-5〕

ですから、一人ひとりが自らの恐れの想念にアクセスできるようにし、それによりイエスの赦しの眼差し ― 裁くことのない心眼《ヴィジョン》 ― を通して、そうした想念を直視できるようにするような介入が、助けになります。だからこそイエスは「精神療法 ― その目的、プロセス、実践」の小冊子をヘレンに口述したのです。精神療法は明らかに自我による分離の夢の中で起こることですが、聖霊により新たな方向性を与えられれば、夢を取り消すという聖霊の神聖な目的のために働くものになり得ます。そのとき精神療法は、否認と投影の精神力動を逆転させることにより、神とキリストの合一という唯一の真理を医療者および患者の中に反映させ、夢を取り消すのです。

すでに述べたように、形而上学的に言えば、幼児期の虐待（その他、夢の中のあらゆる出来事）が一つの幻想だということは真実ですが、その人が、それが本当に起こったと信じている間は、助けはその人自身が必要としている形に反映されなくてはなりません。そして、そう信じていなければ、恐れ、否認、怒り、苦痛などはなかったはずです。自分が一個の肉体であり人間であると今でも信じているのに、問題を単なる幻想として片付けてしまうことは、単に愚かなだけであり、正しい霊的修練となる習慣とは言えません。そうした否認の習慣は、誰の役にも立ちませんし、イエスは私たちに、否認についての講座《コース》を与えたわけではなく、その取り消しについての講座《コース》を与えたのです。

質問26．先天性欠損症や幼児死亡についてはどうでしょうか？　それらもまた選択されているのでしょうか？

先天性欠損症も幼児死亡も、乳幼児の頭脳により選択されているのではなく、奇形を持って生まれたり早期に死亡したりする人物を夢の中に投影した心によって、選択されています。本書69ページの図表をご覧いただき、分裂した心は数多くの想念を外に投影し、それらが時間と空間のホログラムの至るところで形となって表れる、ということを思い出してください。したがって、もし分離した心が不完全という想念や死という想念を抱く場合、そうした想念は個人の人生として知覚されるものの中において、先天的欠陥や幼児死亡として経験されることになります。質問21で、肉体（および頭脳）についての喩えとして、「人間ではないレベルの心の願望を実現している操り人形」と述べましたが、それを思い出していただけば、前述のような答えに納得がいくはずです。

質問27．赤子は無垢で生まれてくるのでしょうか？

唯一つの真に無垢なる状態は、神の子の真の故郷である天国の中だけに存在します。「教師のためのマニュアル」の中で教師たちの教師と呼ばれているような〔M-26.2〕、ごくごく少数の例外を除けば、自分の心の中に罪悪感を持ち続けている者たちだけが、「ここにくる」のであり、この世界に生まれてくるのです。この世界のすべての住人について、「ワークブック」のレッスン一八二は、次のような痛烈な描写を提供しています。

> 私たちは今日、この世界を歩くあらゆる人のために語る。誰ひとりとして、自分の家に戻ってはいないからである。彼はあてどもなく終わりのない探求に出ている。見つけることのできないものを闇の中に探し、何を探しているかも認識していない。数限りない家を建てるが、どの家も落ち着かない心を満足させることはない。彼は自分が無駄に家を建てていることを理解しない。探し求めている家は、彼自身では作り出せない家である。天国の代替は存在しない。彼が作り出してきたものはすべて地獄だった。〔W-pI.182.3〕

それでも、天国の代替があるという信念こそが、罪を構成しています。そして、その必然の結果である罪悪感が、分離した神の子を、すでに過ぎ去っている分離の想念とその結果とを心理的に再吟味することへと、絶え間なく駆り立てるのです。ですから、ここにくる者たちはみな、自らの無垢性の喪失にまつわる罪悪感を共有しています。それだけでなく、彼らの自我が何を目的としてこの世界の中に彼らを顕現させているかと言えば、この罪悪感を補強するためです。他方で、人々が自分はここに居ると信じるようになったあとの聖霊の目的は、犠牲への信念を取り消すことになる赦しの実践を通して、この罪悪感の学びを白紙に戻すことです。これが、最後には、分離した者たちに自分の無垢性についての自覚を取り戻させます。その無垢性は、神がご自身とひとつのものとして創造した神のひとり子キリストとしての彼らに、正当に、永遠に属するものです。

この文脈においては、「赤子は純真無垢で生まれ、社会により腐敗させられていく」という一般的な見方 ― ルソーによる「高貴な野蛮人」説 ― は、自我の戦略にぴったりとはまります。つまり、この世界は実在のもので、私たちに犠牲を強いる力をもっているということを、私たちに認めさせようとする戦略です。自我の思考体系は、「この世界という夢を見ている主体は私たちではなく、その夢の方が私たちの夢を見ている」という概念を掲げます。したがって、私の無垢性の喪失に責任があるのは、この世界だというわけです。私が自分の想念によりそれを失ったのではなくて、それは私から奪われたのであり、私は、自分で作ることも選ぶこともしなかったこの世界により犠牲にされる無垢なる被害者ということになります。以下の「夢の主人公」というセクションからの一節は、この基本的な自我の原理について語っています。

誕生から死に至るまでの肉体の一連の冒険が、これまでに世界が見てきたあらゆる夢のテーマである。この夢の「主人公」は決して変わることはなく、その目的も変わらない。夢自体が多くの形で現れ、その「主人公」は非常に多くの様々な場所や出来事の中に自分を見出すように見えるが、夢には一つの目的しかなく、それがさまざまな形で教えられているだけである。夢が何度でも繰り返して教えようとするこの一つのレッスンは、夢は原因であって結果ではない、というものである。さらに、あなたは夢の結果であって、夢の原因ではあり得ないというものでもある。

そのようにして、あなたは夢を見ている者ではなく、夢そのものとなっている。それゆえに、あなたは夢が企てるさまざまな場所や出来事の間を行き来して、むなしくさまよう。肉体がすることはこれだけだというのは、本当のことである。肉体は夢の中の人

影にすぎないからである。〔T-27.VIII.3:1-4:3　傍点は著者による〕

究極には、自分の人生とは自分の夢 ― 自分の心の中の想念が外に描き出されたもの ― にほかなりません。ですから、誰もが自分の夢の主題としている「無垢性の喪失」については、本人だけが、その責任をとり得るのです。誰も無垢で生まれてはきません。キリストのみが無垢であり、彼は一度もここに生まれてきたことはありません。けれども私たちは、赦しのプロセスを通して自分の間違った想念の訂正を受け入れ、自分が一度も真に罪を犯してはいないことを思い出すことができます。ですから、真理においては、私たちは、無垢性それ自体から自分を分離させてしまったという信念に穢《けが》されていない、無垢なるものなのです。

質問28.『奇跡講座』には、道徳、または倫理規範といったものがあるのでしょうか?

この問いに対する答えは、道徳がどのように定義されるかによります。辞書には、「行動の規範あるいは原理。何が正しくて何が間違っているかを定める道徳や倫理の体系」と定義されています。この定義の前半に照らして言うなら、『奇跡講座』は、私たちがこの世界でどのように行動すべきかといった規範は示していません。しかし、分離後の分裂した心が、〈間違った心〉と〈正しい心〉に、すなわち自我の領域と聖霊の領域に分割された、という基本的な図式はきわめて明確に提示しています。

　歴史的な観点からすると、この地球という惑星に居住する人類は、これまでおよそ道徳的とは言えない存在でした。文明につぐ文明が、市民の日常生活の様々な問題を司《つかさど》る道徳規範を制定してきましたが、無駄でした。どの社会、国、あるいは文明でも、その住民が欠乏への信念に基づいて、すなわち、自我の思考体系全体を司る欠乏の原理に基づいて活動しているなら、その道徳規範や法律は必然的にこの選択を反映するものになります。そして、歴史上の血塗られた出来事の数々は、「殺すか、殺されるか」という自我の思考体系の証《あか》しであり、この思考体系がこの世界のすべての道徳の無意識の基盤です。

　したがって、たとえ道徳制度が高潔な理想を取り入れたとしても、その起源が〈間違った心〉だったとすれば、非道徳、あるいは不道徳と見なされるものの訂正をもたらすことは決してできません。更に、社会はどのようにして、何が正しくて何が誤りであるかを決定するのでしょうか。また、誰をそうしたことを決定すべき人々だと、決めるのでしょうか。過去や現在の様々な文化を検討し、当時の一群の人々が一貫して何を正しいと、あるいは間違っていると考えていたかを客観的にながめてみれば、誰しも驚愕するはずです。たとえば、宗教裁判が行なわれていた当時、カトリック教会の教えは神およびイエスからきていると信じられていたため、その教えに賛同しない人々を探して見つけ出し、罰するということが、追求すべき最高の徳行だと思われていました。ですから、神とイエスの名において、異端者たちは拷問され殺されました。ということは、どの社会においても、何が正しくて何が間違っているかを決めるのは、それが神政国家であれば宗教的権力であり、世俗国家であれば経済的権力、あるいは政治的な権力を握っているグループだということになります。

『奇跡講座』は、この夢の世界における新しい存在様式を私たちに提示しており、それはこの世界が敬っているどんな道徳や行動規範をも遥かに超越したものです。この新しい存在様式は、私たちに次のように要請します。自分の〈間違った心〉からくる想念に気づきなさい。それから、自分の〈正しい心〉にすでに存在している訂正の想念へと切り替えるための助けを求めなさい、と。これができるようになるためには、私たちは自分の自我に邪魔をさせないようにしなくてはなりません。どんな道徳的価値観や願望も手放す必要がありますし、行動や習慣に関わる結果であれ期待される結果であれ、何らかの結果に対する思い入れを、すべて手放す必要があります。「ワークブック」からの以下の訓戒は、私たちが以前に信じていた一切を取り消すことにより、神の英知が私たちに対して語り、私たちの想念や言葉や行動を導くことができるようにする、というこのやり方を明確に要約しています。

だから、ただ次のようにしなさい。静かになり、自分は誰か、**神**とは何か、といったすべての想念、これまで学んできたこの世界についての一切の概念、自分について抱いているあらゆるイメージを脇に置く。あなたの心が、真実だとか偽りだとか、よいとか悪いとか思っているすべてのもの、価値があると判断する想念、あるいは恥じているすべての概念を取り去り、あなたの心を空《から》にしなさい。どんなものにもしがみつかないようにする。過去が教えた想念も、以前あなたが何かから学んだ信念も、いっさい持ち込まないようにする。この世界を忘れ、このコースを忘れ、両手をまったく空《から》にして、あなたの**神**のもとに来なさい。
あなたへの道を知っているのは**神**のほうではないだろうか。あなたが**神**への道を知っている必要はない。あなたの役割は、**神の子**と**父なる神**の間にあなたが挿入した障害が、静かに永遠に消えてなくなるままにすることだけである。**神**は、**ご自身**の役割を喜んで速やかに果たすだろう。〔W-pI.189.7:1-8:4〕

したがって、『奇跡講座』の視点からは、「正しい」こととは、〈正しい心〉にアクセスして、聖霊またはイエスの導きに従うことであり、「間違っている」こととは、〈間違った心〉を選んで、自我の特別性の思考体系が発する狂った声に耳を傾けることです。ですから、『奇跡講座』独特のこの世界で生きるための規約を称して、非規範的倫理という新しい言葉を用いることもできるでしょう。何がこの道徳を育くむかと言えば、毎日の赦しの実践であり、それにより、私たちの中に現存している聖霊の愛と叡智をせき止めていた障害が取り消され、それらが私たちの心の隅々にまで流れわたり、私たちの行動を導くことができるようになります。イエスはそのことを「ワークブック」の中で、以下のように切々と述べています。

なぜなら、私が必要としているのはただ、私が語る言葉をあなたが聞き、それを世界に与えることだけだからである。あなたは私の声、私の目、私の足、私の手であり、それらを通して、私は世界を救う。〔W-pI.rV.in.9:2-3〕

質問29. すべての病気は心が抱いている罪悪感の投影だということですが、これは、肉体の痛みに薬剤を用いることは間違っているということを意味しているのでしょうか？

とんでもありません。前問で説明したように、『奇跡講座』の「道徳」、すなわち、何らかの特定の行動が「正しい」か「間違っている」かは、唯一、私たちがどちらの声に耳を傾けることを選ぶかということだけを土台としています。そして、イエスによる導きが、薬や痛み止めの使用を勧めるという場合も、もちろんあり得ます。何よりもまず、『奇跡講座』のあらゆるところで見られるように、イエスの教えや導きは柔和で、愛に満ちたものです。このことは、「テキスト」のはじめの方に出てくる非常に重要な一節が証明しています。その一節は、薬剤を使用するということの問題について具体的に取り上げています。ちなみに薬剤の使用というのは、『奇跡講座』においては魔術と呼ばれているものの一つの形態です。この一節がなぜ特に重要かといえば、このコースの教えを自分自身や他者に対し批判的に使用する傾向が、受講生たちの間に見られるからです。この一節はまた、私たちがしばしば『奇跡講座』の二つのレベルと呼んでいるものが統合されている素晴らしい事例でもあります。第一レベルは、このコースの教義の形而上学的基盤をなす部分であり、神およびキリストの実相を、自我による幻想の世界と対比させています。第二レベルは、この幻想の世界すなわち夢だけに焦点を当てて教えている部分です。この第二レベルにおいては、真理とは、この世界を「赦しを学ぶ教室」と見なす聖霊の解釈のことであり、それが、自我による幻想と対比されています。幻想とは、自分の特別性の助長を目的とした、この世界の邪《よこしま》な使い方にほかなりません。この一節は、肉体の幻想性についての形而上学的な記述に始まり、そのあと、人々が恐れに捉えられたときの経験へと焦点を移行させています。

　肉体の疾患のための治療法としてあなたが受け入れているすべての物質的手段は、魔術の原理がさまざまな形で表れたものである。これが、肉体が自ら病《やまい》を作り出すと信じる最初のステップである。それを非創造的な薬剤によって癒そうとする試みが、第二の誤ったステップである。しかしながら、訂正という目的のためにこうした薬剤を使用することが邪悪なことだということにはならない。時として、病が心を強力に掌握しているために、人が一時的に贖罪に接近できなくなっていることがある。この場合には、心身にとって妥協的な方法をとり、外界の何かに一時的に癒しの信念を付与することが賢明であるかもしれない。この理由は、正しくない心の状態に居る者、つまり病人にとって最も助けにならないことは、恐れを増大させることだからである。彼らはすでに、恐れによって弱くなった状態に居る。時期尚早に奇跡に接すると、パニックに陥るかもしれない。このことは、上下が転倒した知覚が「奇跡は恐ろしいものだ」という信念を引き起こしているときに起こりやすい。〔T-2.IV.4　傍点は著者による〕

『奇跡講座』のその他の部分からもはっきりと読み取れることは、すべての夢の起源や内容は恐れであるがゆえに、この世界の中に居る者は誰もみな恐れの状態に居るということです。さらに、私たちの中には、奇跡がもつ力に対する生来の恐れが内在していています。それは、神の愛の「脅威」から「保護してくれる」防衛のすべてから、私たちを解放してしまう奇跡の力に対する恐れです。病気と痛みは、自我による保護計画に必須の側面をなしています。それらが私たちの注意を肉体へと釘付けにし、霊としてのアイデンティティーからそらせてしまうからです。そのアイデンティティーの記憶は、私たちの〈正しい心〉の中に居る聖霊により、私たちのために保持されています。(「ワークブック」レッスン一三六「病気は真理に対抗する防衛である」を参照。) したがって、私たちは、たいてい、イエスが前記文中で触れているような「妥協的なアプローチ」を必要としています。ですから、自我ではなく聖霊に助けを求めるという決断は ― 私たちの恐れのゆえに ― 非常にしばしば、物理的な形に表現されることが必要です。それについて、「マニュアル」の一節は次のように説明しています。

病気というものを、「心が、肉体を用いて達成しようとする目的に即して下す決断」として受け入れることが、癒しの基盤である。そしてこれは、あらゆる形の癒しについて言うことができる。患者がその通りだと決断すれば、彼は回復する。回復に逆らう決断をすれば、癒されることはない。医者とは誰だろうか。それは患者自身の心に他ならない。結果は彼が決める通りのものである。特別な薬剤が彼を助けるように見えるが、それらは彼自身の選択に形を与えるだけである。彼は、自分の欲求に明確な形を付与するために、それらの薬剤を選択する。薬剤がすることはそれだけであり、他には何もしない。それらは、実際にはまったく必要のないものである。患者はそうしたものの助けを借りずにただ起き上がり、「私にとってこれは何の役にも立たない」と言うことができる。直ちに治らないような病気の形態は一つもない。〔M-5.II.2　傍点は著者による〕

したがって、薬剤を使用するということが、実際には、その人がイエスに助けを求めていることや、自分の心がもつ癒しの力に対する恐れを強めない形でその助けを受け入れていることを表現している、ということがあり得ます。なぜ心がもつ癒しの力が恐れを強めるかと言えば、心の中には、神を攻撃し第一原因としての神の役割を横領したという自我の想念も見出されるからです。そして、神を選ぶ決断をする力を心に返還するということは、神に抗う選択をするために自らの力を誤用したという記憶も心に呼び起こします。その罪悪感は、まるで、それに近づいたとたんにビリビリと電気ショックを与える配電網のように作用し、私たちをゴールに寄せつけません。ですから、多くの場合、心の中での助けをイエスに求めるということにおいて「妥協」が必要になり、その助けは肉体を通して受け入れられることになるのです。この精神力動については、すでに部分的に引用した以下の一節からも伺えます。

> 贖罪の価値は、それが表現される様態にあるのではない。実際、それが真実に用いられるなら、必然的に、受け手にとって最も助けになるどんな方法ででも表現される。このことが意味しているのは、最大の効果をあげるには、奇跡は受け手が恐れを持たずに理解できる言語で表現されなければならない、ということである。これは必ずしも、これがその人にとって可能な最高のレベルのコミュニケーションだという意味ではない。ただし、今のその人にとって可能な最高レベルのコミュニケーションだという意味ではある。奇跡の目的のすべてが、コミュニケーションのレベルを高めることにある。恐れを増大させて、それを低めることではない。〔T-2.IV.5〕

薬剤を使用することは、一つのレベルにおいては、「非創造的な薬剤によって癒そうとする誤ったステップ」を表現しているとしても、もう一つのレベルにおいては――すでに私たちが論じた通り――イエスに助けを求め、恐れを強化しない唯一のレベルにおいて、その助けを受け入れることを反映しています。『奇跡講座』の名において、そうした行動を排除するということは、一定の行動は「邪悪」であったり「誤り」であったりすると述べることにより、巧妙に肉体を実在とすることにほかなりません。ハムレットの台詞を借りるなら、「正しいものも誤ったものもない。ただ私たちの思考が、それをそのようなものにする」ということです。私たちの思考は、自我の「間違った」思考体系を表現することも、聖霊による「正しい」思考体系を表現することも可能です。私たちの行動は単に、私たちの心が下した決断を映し出すだけです。けれども、次の質問で論じる通り、目に見える行動をもとに、どちらの教師が選択されたかを理解しようとすることは間違いです。

質問30．防衛しないでいるということは、誰かが私を殺そうとしたり強姦しようとしたりするのをそのままにするとか、人々に対し暴力がふるわれているときに傍観するといったことを、意味しているのでしょうか？

まず、防衛しないでいるというのは〈正しい心〉の想念であり、聖霊の思考体系に基づく態度だと述べるところから始めましょう。聖霊の思考体系においては、神の子は無垢にして罪なき存在《もの》であり、それゆえに傷つかざる存在《もの》です。もし罪が存在しなければ、罪悪感はあり得ません。罪悪感がなければ、投影もあり得ません。そしてこれは、攻撃されるという恐れもあり得ないことを意味しています。『奇跡講座』が教えているように、罪悪感というものが処罰を要求するのであり、もし罪悪感が存在していなければ、処罰に対する恐れもまた存在しません。最終的に、外側からの処罰を恐れていなければ、内側に防衛の必要は存在しないわけですから、防衛しないということの真の状態とは、無垢性と傷つかざる強さの想念にほかなりません。

だからといって、〈正しい心の状態〉にある人の行動が、必ず、この世界が「防衛しない態度」だと思っている通りのものとなる、という意味ではありません。霊性における防衛しない態度については、その意味がしばしば歪曲されてしまい、人々は、防衛しないでいるには、踏みつけられてもじっとしているドアマットのごとく、全面的に無抵抗でいなくてはならないと考えます。けれども、私たちが、自分自身や自分の親しい人に対してであろうと、他の誰に対してであろうと、暴力が振るわれているのをそのままにするなら、しばしば、そうした暴力を振るう人々の中で、神および〈一なる子〉からの分離についての罪悪感を強化させることになり、それにより、「被害者」に対してのみならず、暴力行為をした彼ら自身に対しても有害な形で、彼らが行動することを容認することになってしまいます。ということであれば、行動面で自分自身を「守る」ために何かをするということは、実際には、「愛情深くありなさい」という、心の中における聖霊の導きに従うことだということもあり得るのです。防衛しない態度を反映するのは、その行動の形態ではなく、心の中の想念の内容なのです。

私たち（ケネスとグロリア）がそれぞれの職場で経験したことは、この原理の実例になると思われます。心理学者としての私（ケネス）の最初の仕事は、特殊教育の学校で情緒的に障害のある子供たちと共に働くことでした。彼らは五歳から十三歳の年頃の子供たちで、多くは行動面における深刻な問題を抱えており、それはしばしば彼ら自身や他者に対して暴力を振るうという形で現われていました。私は、彼らを傷つけずにそうした行動を制するやり方を編み出しました。私の足と腕で彼らを抱き込むようにしながら床にねじ伏せ、彼らが誰かを蹴ったり、噛みついたり、引っ掻いたりして害することのないようにするというものです。そのようにして、私は、彼らの行動面における暴力行為を防止することにより、結果として彼らを鎮めることができたのです。私の行動は、明らかに助けることだけを目的としていたとはいえ、傍目《はため》には防衛的なものと映ったかもしれません。

私（グロリア）はニューヨーク市の高校の教師および生徒指導部長としての在職期間中に、十代の子供たちを、様々な暴力行為や武器の使用などの理由で停学処分にしたり、逮捕させたりしなくてはなりませんでした。私の介入行為もまた、傍目には防衛的と解釈されたかもしれません。けれども、私は、できる限り自分の反応についてイエスに確認しつつ、どのように対処すべきかを検討した結果 ― テキストの文言を借りるなら ― 子供たちが誤った創造をする能力に限界を設ける〔T-2.III.3:3〕という結論に達しました。彼らがさらに残忍な想念を行動に表して、自らの罪悪感を一段と強めてしまう結果になることを、そのようにして防止したのです。私は常に、生徒指導部長であることの――私自身が脚本を書いた夢の中の役割の――責任は、こうした困難な状況において、聖霊による訂正の脚本にアクセスできるように、できる限り自分が邪魔しないように退くことだと感じていました。私には『奇跡講座』が言う〈わずかな意欲〉はありましたが、まだこのコースを学び始めたばかりの頃は、ときどき思ったものです。なぜ自分は、こんなに難しく見える状況を、脚本に書いたりしたのだろう、と！

もしも私たちがそれ以外の行動をとっていたとしたら――すなわち、そうした過激な行為を目前にして、行動としては無抵抗で、「防衛せずに」いたとしたら――強姦魔が自分の妻や娘を襲っているあいだ、「私たちは肉体ではない」とか、「愛は自分を防衛しない」といった『奇跡講座』からの「決まり文句」をつぶやきながら傍観しているのと同じく、愛情がないということになるでしょう。『奇跡講座』の教えに関するすべてがそうであるように、私たちの行動に意味をもたらすことのできるものは、内容または目的であり、唯一の真の意味は、私たちの心の中のイエスまたは聖霊から訪れます。彼らの愛は抽象的かつ非具体的であり、常に同一です。しかし、この愛は、私たちの個性という具体的な表現を通して表わされるため、人それぞれに異なってくるのです。そうして、イエスのような叡智をもった者だけが、他者の行動を公平かつ公正に評価できる位置に居るということになります。それ以外の誰にとっても、そうした判断をすることは無謀で傲慢なことだと言えます。「教師のためのマニュアル」は以下のように教えています。

何についてであれ正しく判断するためには、人は、想像もつかないほど広範にわたる過去・現在・未来のものごとについて、充分に意識していなければならない。・・・さらには、自分の判断が現在や未来において影響を及ぼすすべての人々にとってまったく公平なものとなるように、自分の知覚に少しの歪みもないという確信がなければならない。いったい誰が、こうしたことのできる立場にいるだろうか。尊大な空想を抱いている者以外の誰が、自分にこれができると主張するだろうか。・・・・・それならば、もう一度だけ判断を下しなさい。それは次のような判断である。完璧な判断ができる**存在**があなたと共に居る。・・・〔M-10.3:3, 5-7, 4:6-7〕

ですから、要は、困難な状況に対し自分で応答する前に、あるいは、困難な状況の中で他者の応答を自分で判断しようとする前に、常にイエスまたは聖霊に助けを求めることです。

質問31.『奇跡講座』を学ぶ者が、陪審員（または医者、法律家など）の仕事をすることができるでしょうか？　あるいはまた、『奇跡講座』を学んでいないパートナーと共に居続けられるでしょうか？　そもそもパートナーをもつべきでしょうか？　そうしたものは、特別性の一形態に過ぎないのではないでしょうか？

こうした質問は、先に検討したレベルの混同を反映しています。というのも、それらは、活動や職業や人間関係においては他のものよりも霊性の高いものや低いものがある、という考えを示唆しているからです。たとえば、政府や軍隊で働くよりも『奇跡講座』の教師になる方が神聖だといったことが、その背後で想定されているわけです。換言すれば、この想定は誤りを実在するものと見なしているのであり、それは、イエスがはっきりとしてはならないと戒めていることです。前にも引用した「テキスト」二十三章の「混沌の法則」の第一条は、「幻想には順位がある」という自我の原理について明示しています〔T-23.II.2:3〕。

本書においてもすでに繰り返し述べた通り、『奇跡講座』を学ぶ人々が焦点を合わせるべき対象は、特定の行動そのものではなく、その行動のためにどちらの声が導き手として選ばれるかという点だけなのです。その他のすべては無意味です。困難な職業が最高の教室となって、赦しの原理が学ばれ、実践されるということがしばしばあります。そして赦しとは、「私たちの外側にあるいかなるものも、私たちにどんな影響を与えることもできない」という前提に基づいています。私たちに苦痛をもたらすことができるのは、私たちの心が下す自我を選ぶ選択だけです。何年も前に、私たちがニュー・メキシコ州アルバカーキー市でワークショップを行なっていたときのことです。一人の男性が立ち上がり、ロス・アラモスでの自分の仕事について語りました。(ロス・アラモスとは、この国において非常に重要な核兵器の研究と生産を担っている地域の一つです。)すると、参加者のうちの幾人かが、その人を非難しはじめました。その人が『奇跡講座』を学んでいながら、同時に、好戦的で明らかに自我に基づいた活動だと彼らには感じられたものに携わっていたからです。彼らは明らかに肝心な点を見落としていました。そのように自我の思考体系のあからさまな事例となるような環境下で働きながら、赦しの目を通してそうしたものを違った見方で見ること、特に自分自身を違った見方で見ることを学ぶことこそ、この上なくすばらしい教室と言えるのではないでしょうか。そして、核爆弾の研究・生産に携わることと、この世界の中の他の組織で働くこととの間には、本当に違いがあるのでしょうか。それらはどれもみな、分離や特別性や自我の思考体系を永続化することに関与しています。

　対人関係におけるパートナーについても、同じ原則と戒めが当てはまります。何年も前から、私たちがたびたび耳にしてきたのが、一組のカップルのうちのどちらか一人が『奇跡講座』を学んでいないという理由で、二人が別れることになったという話です。それでは、まるで、そのような外的状況が、幸福な人生を共に送るための必要条件であるかのようです。当然ながら、問題は、どのカップルも一緒に暮らし続けるべきだとか、別れるべきだといったことではありません。けれども、『奇跡講座』を、離別の言い訳にしたり、一緒に居続けることの理由にしたりするとしたら、やはり肝心な点を見落としています。実のところ、『奇跡講座』を学んでいない誰かと共に居ることが完璧な教室となるというのはよくあることで、そうした状況でこそ、「『奇跡講座』の核心は赦しという内容であって、赦しの教えがもたらされる状況という形態ではない」ということを学ぶことができます。なお、この問題については最後の章で再び取り上げます。

この同じ間違いは、対人関係におけるもう一つの側面でも生じます。それはたとえば、「『奇跡講座』を学ぶ者たちは、結婚することや子供をもつことはもちろん、いかなる恋愛関係や性的関係にも巻き込まれるべきではない、それは明らかに〈特別な関係〉を反映するからである」という信念です。しかしながら、ここで忘れられているのが、特別性は、二人の人間の関わりの中に存在するのではなく、聖霊の愛よりも自我の個性や特別性のほうを好んで選んだその人自身の想念の中に存在するということです。そうした決断の結果として必然的に生じる欠乏感は、その欠乏を満たすための助けを自分の外に探すことへと向かわせます。それが、『奇跡講座』が「欠乏の原理」と述べているものです。そして、知覚された内なる欠乏をそのようにして満たすことが、『奇跡講座』が〈特別な関係〉という言葉で意味していることです。

特別性なしにこの世界に生まれてくることは不可能ですし、このコースを学ぶ人々に自分はこの特別性という信念体系とは無縁だと信じさせるものがあるとしたら、それは単なる否認に過ぎません。『奇跡講座』が「特別性」を定義する際に用いる重要な言葉の一つが「代替」です。そして、天国を後にするということは、それだけで、自我の特別性は神の愛に匹敵する価値のある代替だと信じる信念を表しています。そして、この世界の中に居る人はみな、自分は天国を後にしたと信じているのです。したがって特別性というのは、分離の世界を支配するルールなのです。私たちはそれを否定するよりも、この知覚的な事実を受け入れた上で、イエスまたは聖霊の導きのもとでこの貴重な教室が提供する赦しのレッスンを学べるように、彼らに助けを求めるべきです。

換言すれば、ワークショップや授業において私たちが繰り返し述べているように、『奇跡講座』を学んでいるときには、とりわけ、普通の人間でいることを忘れてはならないのです。そして普通の人々は、陪審員として働きますし、訴訟にも巻き込まれますし、保険にも入ります。病気になったり、怒ったり、笑ったり、泣いたり、愛する人の死を悼んだりしますし、人間関係をもち、家族をもち、友人たちのサークルに入ったりもするのです。私たちの課題は、普通の人間が行なうこうした活動に関わるけれども、違ったやり方で関わるということ、すなわち、イエスや聖霊抜きで関わるのではなく、彼らと共に関わるということです。そうして、イエスは彼の生徒たちに、他のすべての人たちと同じようであるように、ただし、幸福で平安であるようにと励ましています。

存在するように見えるが実は存在していないこの世界の中で生きるための、一つの生き方がある。あなたの外見が変わることはないが、あなたはもっとたびたび微笑むようになる。あなたの額は穏やかで、瞳は静かである。〔W-pI.155.1:1-3　傍点は著者による〕

したがって、前問の答えの中で述べたとおり、『奇跡講座』を学ぶ私たちは、自分の自我が他の人々の応答や行動について、あるいは彼ら自身の応答や行動について裁きを下そうとして虎視眈々としているということに、しっかりと注意していなくてはなりません。イエスの愛情深い審判は常に、形態ではなく、内容（すなわちどちらの内なる教師が選択されているか）という観点からのみ下されます。そして、聖霊の自我なき叡智をもっているのでない限り、傍《はた》から見ている人が、どうしてどちらの教師が選択されているかを知り得るでしょう。

質問32・『奇跡講座』は、怒りは決して正当化されないと教えています。これは、私は決して怒ってはならないし、もし私が怒るとしたら、私は良い生徒ではなく、充分な霊性を備えていないということを意味しているのでしょうか。

確かに、イエスは、怒り（または攻撃）は決して正当化されないということを、二つの箇所で明言しています。まず、十字架刑に関する論考の序文には、次のように記されています。

> 怒りは常に分離の投影を伴うが、それは究極的には自分の責任として受け入れられるべきものであり、他人のせいにされてはならない。・・・・あなたは攻撃されることなどあり得ず、攻撃にはいかなる正当な根拠もなく、あなたが何を信じるかはあなた自身の責任である。〔T-6.in.l.2,7〕

そしてテキストの終わりの方で、なぜ赦しは常に正当化されるのかを論じながら、次のように教えています。

怒りは決して正当化されない。攻撃には何の根拠もない。恐れからの脱出はここにおいて始まり、いずれ完結する。ここで、恐怖の夢と交換に、実相世界が授けられる。というのも、赦しはこのことの上に成立するので、ごく自然なものだからである。〔T-30.VI.1:1-5〕

この質問への私たちの回答は、前問の論考からそのまま導かれるものですし、私たちが『奇跡講座』を実践する際の核心に直結するものです。イエスは生徒たちに完全無欠であることを求めてはいません。もし完全無欠であったなら、あるいは完全無欠でありたいと望んでいただけでも、彼らは天国に ― 完全無欠さの住む家に ― 居続けていたか、すでに天国に帰還していたはずです。『奇跡講座』を必要としているということ自体が、彼らが不完全さの実在性を信じているということを証言しています。そして、不完全な人々は怒りますし、自分自身が下した選択の責任を逃れようとするものです。実際のところ、「自分が神から盗んできたと信じている個性と特別性を保持しながら、そのことについての責任は回避する」というのが、あらゆる人の自我の中核をなす想念だと言えます。ですから、この責任回避は、自分自身が行なったと密かに信じていることがらについて他者を非難し、自分の罪について他の誰かを攻撃している人々においてのみ起こり得ることです。

『奇跡講座』におけるイエスの目的は、生徒たちが他者に対して行なった投影についての責任を受け入れるよう助けることです。もしイエスが彼らに、少しも攻撃的想念をもたないことを期待するとしたら、まったくのところ非現実的ということになります。しかし、少なくとも自分の動揺の責任を否定しようという自我の試みについて自覚するように、と彼らに求めるのであれば、それは非常に理にかなったゴールです。したがって、誰かが怒ったからといって、その人が『奇跡講座』をしっかり学んでいないということは意味しません。しかし、「良い」生徒になるということは、自分が他者について怒りに満ちた知覚をしていることについて責任をもつことを学ぶということ――あるいは、少なくともそれを学ぼうとする意欲をもつということを意味しています。また、神の愛やイエスや聖霊の愛情深い指導から分離していることについて自分自身が抱いている罪悪感を、自覚できるようになろうとするということです。ですから、「良い」生徒は、自分の怒りの想念や感情を決して正当化しようとはしませんし、同時に、そうした想念や感情を抱いていることを否定もしないはずです。この正直さがあってこそ、彼ら自身が望めば、イエスまたは聖霊も彼らが心を変えるのを助けられるようになります。前記の「テキスト」からの二つの引用箇所を愛情深く柔和に理解すれば、このような意味となります。

質問33. 学びは蓄積されていくものなのでしょうか。つまり、死ぬ時にはは自分が学んできたものを身につけていき、「戻ってきた」ときには、すべてを最初から始める必要はない、といったものなのでしょうか?

この質問の前提となっているのは、時間は直線的であり、それゆえに人の学びは直線的に展開していく一つの次元の中で計測され得る、ということです。けれども、『奇跡講座』の中で学ぶように、そしてまた前章でも論じたように、時間と空間の夢の中にある一切があの原初の瞬間の中で生じたわけですから、時間は直線的なものではありません。ですから、真実には学びは、私たちが「私」と呼んでいる、直線的に展開するかに見える夢の中に居る人物に生じるわけではないのです。実は、私たちの学びとは、単に、私たちの心の中に赦しという訂正を受け入れることに過ぎません。聖霊により私たちのために保持されているこの訂正は、分離という自我の思考体系を取り消します。つまり、それについての学びを白紙に戻します。その思考体系は、時空の世界が作り出される以前に存在しましたし、いまでも私たちの心の中に存在しています。それの訂正を選択することのできる私たちの能力もまた、私たちの心の中に存在しています。ですから、自我の嘘と聖霊の真理の違いを学ぶのは、私たちが〈決断の主体〉と呼ぶものであり、私たちの心の三つの部分の内の、選択を行なう部分です。私たちが同一化している物理的・心理的な自己、すなわち学んでいる主体だと私たちが思っている存在は、〈決断の主体〉が時空の世界の中に反映されたものに過ぎません。〈決断の主体〉の選択は、時空の次元の外側で起こります。

　こうしたことは、時間と空間、つまり生と死の次元の内側でのみ思考するようにプログラムされている頭脳には、もちろん理解不可能です。しかし、イエスは、私たちの理解は必要ないと保証しています。

これほど多くを受け取るためにこれほどわずかに与えるだけでよいという考えは、あなたには受け入れがたく感じられる。そして、自分と**聖霊**の貢献度にこんなにも極端な差があるということが、自分に対する侮辱ではないと理解することは、あなたにとって非常に難しい。あなたは依然として、自分が理解するということが真理に対し強力に貢献し、真理を真理と為すと信じ込んでいる。だが、あなたは何も理解する必要はないということを、私たちは強調してきた。〔T-18.IV.7:3-6〕

ですから、私たちには、聖霊のレッスンをいかにして学ぶのかを真に理解することはできませんが、それでも、少なくとも、自分がそれらをいかに学んでいないかは理解できます。

質問34．この世界のすべての生命《いのち》が幻想だというのなら、なぜ『奇跡講座』は、「生命《いのち》あるもの」ということを言うのでしょうか？

ここでも再び、私たちはイエスの言葉の使い方を理解しなくてはなりません。その言葉が出てくる箇所は、たとえばレッスン一九五の中にも見られるように、イエスの実相のレベルではなく私たちの経験のレベルにおいて書かれています。というのも、私たちが実際に「生命《いのち》あるものたち」との関係を形成するのは、自分がこの世界の中に個人として存在しているという夢の中でのことだからです。したがって、このレッスンが伝えているように、私たちは、そうしたものたちとの関係が提供してくれる学びの機会について、彼らに感謝すべきなのです。それは、自分が彼らの上に投影しているのは、自分自身の罪悪を信じるという間違った信念に過ぎない、と学ぶ機会です。

もしイエスが私たちに、実相のレベルで彼と関わるようにと主張するとしたら、まったくのところ意味をなしません。既に論じたように、私たちの経験は夢の内側に根を下ろしているからです。ですから、『奇跡講座』を学ぶ人々は、自分たちの理解力に合わせて真理を表現してくれているイエスの意図を認識し、彼のメッセージを大きく誤解しないようにしなくてはなりません。以前の質問において検証したとおり、イエスは私たちにはっきりと「天国の外側には生命《いのち》はない」と、教えています。ですから、真実にはこの世界の中には「生命《いのち》あるもの」はあり得ないのです。しかし、私たちは自分がここで生きていると信じていますし、同じようにここで生きていると私たちが信じている他の存在と関わっているわけですから、その私たちに対して、今はまだ恐ろしくて受け入れられない真理を受け入れるようにとイエスが要求しても、無意味ということになります。したがって、別のレベルにおいては、ここには生命《いのち》あるものはまったく存在しないとはいえ、イエスは、私たちに対する優しい愛を反映させるように、「生命《いのち》あるもの」について語っているのです。

質問35．『奇跡講座』は、すべては既に起こったと教えています。これは、「予定説」と同じではないでしょうか？

いわゆる「予定説」は、一六世紀の宗教改革の指導者であるジョン・カルビンを起源としていますが、その伝統的な解釈は、時間の始まりから、神は、未来において救済されるべき者たち（「選民」）と、罰を受けるべきものたち（「罪人」）とを選択している（予定している）というものです。そして、その決定は、取り消しも変更もできないとされています。

『奇跡講座』の見解も、おっしゃる通り、すべては既に起こったというものであり、その意味で、この世界のドラマは変更不可能です（「脚本は既に書かれた」のです。）ただし、そこには自我による脚本と、聖霊によるそれらの訂正の両方が含まれています。それについて述べている重要な一節を、もう一度引用します。

> **神**が**神の教師**を与えたのは、あなたが作り出した教師と入れ替えるためであり、それと争うためではない。そして神が入れ替えたいと思うものは、すでに入れ替えられている。時間はあなたの心の中にほんの一瞬現れただけであり、永遠に対しては何の影響も与えていない。それゆえに、すべての時間は過ぎ去っており、一切は、虚無への道が作り出される前とまったく同じである。そのわずか一刻の間に最初の間違いが犯され、その一つの間違いの中ですべての間違いが犯されたとき、そこには、最初の一つと、その中で派生したすべての間違いに対する訂正も含まれていた。〔T-26.V.3:1-5〕

したがって、『奇跡講座』においては、前もって運命を定めるのは、神ではなく、心の中の〈決断の主体〉の部分です。というのも、三つの部分をもつ心の、すなわち分裂した心のこの部分が、物理的な宇宙における私たちの人生という脚本の著者だからです。けれども、この分裂した心は、「既に終わった」脚本を私たちが「心理的に反芻する」際に、自我またはイエスのどちらの教師に私たちを導いてもらうかを、どの瞬間にでも、〈決断の主体〉を通して、選択できる能力をもっています。繰り返しますが、この「私たち」というのは、私たちが自分の名前で呼んでいるいわゆる自分のことではなく、私たちの心の中の〈決断の主体〉―時空の外、往古の自我の脚本の外側の存在―を指しています。そしてそこでは、もちろん、選択は前もって定められてはいません。ですから、『奇跡講座』の「脚本はすでに書かれた」という記述は、時間的に理解されるべきではありません。一方で、伝統的な予定説は、過去において神により下された決定に立脚しており、その決断が必然的に未来において実行されるだろうというものですから、時間的に理解されるものです。

質問36．自由意志といったものは存在するのでしょうか？ それはいったいどのようなものなのでしょうか？

この質問には、二部に分けてお答えする必要があります。

（１）天国の中には、自由意志というものはあり得ません。文字通り選ぶべき対象が何もないときに、神の子がどのようにして自由に選択するというのでしょう。一元的な実相 ― すなわち天国の状態 ― においては、唯一、完璧な一体性だけが存在します。それゆえに、『奇跡講座』は、神の意志と子の意志はひとつにして同一であると述べているのです。ですから、天国にはそれ以外のものは何も在り得ず、したがって選ぶべき対象が存在しません。さらに、選択するというプロセスは、主体と客体のある世界の内側でのみ意味をもちます。すなわち、選択を行なう主体と、その外側のものとして知覚され、経験され、選択の対象とされる客体とが存在する世界においてのみ意味があるのです。したがって自由意志という言葉は、天国では意味をもちません。ただし、『奇跡講座』はテキスト三十章の中の一つのセクションの題名にもなっている意志の自由について語っており、このような使い方をされた場合だけは別です。

ただし、この場合には、この言葉は、一般的な自由意志の概念とはかなり異なったものを意味しています。天国においては、私たちの意志は、幽閉されることがあり得ないがゆえに自由なのです。そしてこれは、神からの分離は一度も起こったことがないという贖罪の原理を反映した記述です。このゆえに、神の子が、「自分は創造主に対し罪を犯したので、自分自身の罪悪のゆえに囚人となってしまった」という彼自身の間違った信念により幽閉されることは、真実にはあり得ないのです。関連の箇所をいくつか引用します。

あなた自身の意志を行うというのは何とすばらしいことだろう！　それが自由というものである。自由という名で呼ばれるべきものはこれ以外にはない。自分の意志を行うのでなければ、あなたは自由ではない。そして、**神**が**わが子**に、彼自身が自分のために選択したものをもたずにいさせるだろうか。**神**は、**ご自身**の完璧な**答え**をあなたに与えたとき、あなたが決して自分の意志を失わないことを保証した。**神の愛**を思い出し、自分の意志を学ぶために、その**答え**を今、聞きなさい。**神**は、**わが子**を彼自身の望んでいないものの囚人にならせようとはしない。**神**はあなたと一緒に、あなたが自由であることを意志する。そして、**神**に反対することはあなた自身に逆らう選択をすることであり、自分が束縛されることを選択することである。〔T-30.II.2〕

神聖な状態においては意志は自由であるから、その創造力には限界がなく、選択というものは無意味である。〔T-5.II.6:4〕

あなたの意志は自由なものであるから、幽閉されることはあなたの意志ではない。だからこそ、自我とは自由意志の否定そのものなのである。あなたを強制する存在《もの》は、絶対に**神**ではない。なぜなら、**神**は**ご自身の意志**をあなたと共有しているからである。**神の声**は**神の意志**に基づいた形でしか教えることはないが、**神の意志**自体は、**聖霊**が教えるレッスンではない。なぜなら、**神の意志**はあなたの本性そのものだからである。**聖霊**が教えるレッスンとは、あなたの意志と**神の意志**はひとつのものなのだから、それらが調和していないことはあり得ない、というレッスンである。〔T-8.II.3:2-6〕

私たちが、最終的に贖罪を自分自身に受け入れ、夢から覚めて聖霊を顕現するものとなったなら、必然的にそれに続いて、自分の意志は神の意志とひとつだという認識が訪れます。

（2）しかしながら、知覚と幻想の領域である夢の中では、自由意志という概念はきわめて重要で意味のあるものとなります。なぜなら、それが救済の仕組みだからです。自らの夢の中で、神の子は自分が神に抗《あらが》うことを選択したと信じました。それが、非神聖なる三位一体「罪、罪悪感、恐れ」のドラマのすべてを起動させ、自我の作ったにせものの神による怒りの復讐と知覚されるものに対する防衛として、物理的な宇宙を作り出すというクライマックスに達しました。ですから、夢の内側においては、神に抗う選択ができる神の子の心の力は、自由に神を選ぶ選択もできるはずです。それゆえに、イエスはいくつかの重要な箇所で、次のように述べています。

> この世界においては、残されている唯一の自由は選択の自由であり、それは常に二つの選択肢の間で、すなわち、二つの声の間で為される選択である。意志は、いかなるレベルにおいても知覚に介入することはなく、選択にはまったく関与しない。〔C-1.7:1-2〕

> 彼の決断の力が、彼が要求する通りにそれを彼に提供する。このこととの中に、地獄と天国がある。眠れる**神の子**には、ただこの力が残っているだけである。〔M-21.3:5-7〕

> あなたは、相反するものが存在し得る対立状態の中に居ることを選んだ。その結果として、あなたが選ばなければならない数々の選択肢というものが存在している。・・・・・選ぶということは、分裂した心があることを前提としている。〔T-5.II.6:2-3,6〕

> あなたは自我の人質か、それとも**神**を迎える接待主《ホスト》か、どちらになりたいだろうか。あなたは自分が招き入れる者だけを受け入れる。誰をあなたの客とするか、いつまでその客があなたのもとにとどまるかを、あなたは自由に決めることができる。だが、これは真の自由ではない。なぜなら、それは依然としてあなたがそれをどう見るかによって決まるものだからである。〔T-11.II.7:1-4　傍点は著者による〕

実際のところ、『奇跡講座』の目的の一つは、「分離と特別性の夢の中に居る私たちにも選択できることがあり、この選択は私たちの心の中に存在している」ということを、私たちに教えることだと言えるでしょう。赦しの意味していることは、「この世界における私たちの経験は自分が心の中で下した決断の投影であり、その決断は、今、変更され得る」ということであり、それを学ぶことにより、私たちは、この自由意志を行使することを学びます。そうして最終的には、私たちは、自分の真の意志がこれまでもずっと自由であったことを学び、思い出します。私たちは、ただ忘れていただけなのです。ですから、イエスは、「聖霊は、思い出すことと忘れることの両方のために、あなたに呼びかける。」〔T-5.II.6:1〕と述べているのです。

質問37. 日常生活の中で、私たちには、自分自身の最善の利益のために行動する自由があるのでしょうか？ 特に、『奇跡講座』が言うように、私たちはみな幻覚を見ているのなら、どれほどの自由があるのでしょうか？

この質問への回答は、前問への回答に続くものです。私たちの個人的存在という夢の中、すなわち幻覚の中でも、私たちは自由に選択することができます。しかし、この選択は、この世界が選択という言葉で理解しているものとはまったく別なものであり、特に、私たちが自分自身の最善の利益のために行動しようと考えているときの選択とはまったく違っています。実は、私たちは自分の最善の利益のために行動することはできないのです。なぜならば、「ワークブック」が教えているように、「私は自分の最善の利益を知覚していない」〔W-pI.24　傍点は著者による〕からです。これは、『奇跡講座』を理解する上で、非常に重要な側面であり、このレッスンは、この点について以下のようにはっきりと述べています。

> 生じてくるすべての状況において、自分に幸せをもたらす結果は何かということを、あなたは自覚していない。したがって、あなたは適切な行動のための指針も、成果を判断する方法も持ち合わせていない。あなたが何を行うかは、その状況をあなたがどう知覚するかで決まる。そして、その知覚は誤っている。だから必然的に、あなたは自分自身にとって最善の利益となるようには行動しない。しかし、正しく知覚されている状況においては、自分の最善の利益となるもののみがあなたのゴールとなる。正しく知覚されていなければ、あなたは何が自分にとって最善の利益なのかを認識しない。

自分自身の最善の利益を知覚していないと気づいたなら、あなたはそれが何なのかを教わることができるようになる。しかし、自分はそれを知っているという確信が存在する間は、あなたは学ぶことができない。〔W-pI.24.1:1-2:2〕

ですから、『奇跡講座』の全体を通して、イエスは私たちに、イエスまたは聖霊に尋ねるようにと勧めています。というのも、彼らだけが私たちの最善の利益が何であるかを確かに知っているからです。そして、その最善の利益には、当然ながら、攻撃せずに赦すという決断を反映するような心の変化または知覚の変化が、必ず伴います。私たちは、自分だけでは、赦すことはできませんし、ましてや、どんな選択をすべきかを知ることなどできません。けれども、私たちは常に自分の教師を自由に選べます。その選択の中で、私たちはすでに自分の最善の利益のために行動したことになります。そして、唯一これだけが、この幻想の世界における自由意志のもつ意味です。というのも、正しい選択は、つまり私たちの最善の利益は、〈正しい心〉からしか訪れないからです。それゆえに、イエスは私たちに対し「今すぐ自分自身の教師の職を辞しなさい・・・・なぜなら、あなたは間違ったことを教わったからである。」〔T-12.V.8:3; T-28.I.7:1〕と述べています。そして、その代わりに、常に正しく教えてくれる叡智を有するもう一人の教師を選ぶように求めています。

質問38．『奇跡講座』は、両面感情を伴わない愛はないと言っています。これは、私の言動は決して愛から生じることはなく、私の考えや行動のすべては私の自我からきているという意味でしょうか？

いいえ、もちろんそのような意味ではありません。『奇跡講座』の中にあるその記述は以下の通りです。

分離するという決断を、あなたは自我の上に投影している。そしてこのことが、自分で自我を作り出したがゆえに自我に対して感じている愛と、葛藤する。この世界の中の愛には、こうした両面感情を伴わないものはなく、また、自我は両面感情を伴わない愛というものを経験したことがないので、そうした概念は自我が理解できる範囲を超えている。愛は、真にそれを欲する心ならどの心の中へでも即座に入ってくるが、そのとき心はそれを真に欲していなければならない。ということは、心が両面感情をもたずにそれを欲するという意味であり、この種の欲し方には、自我の「獲得しようとする衝動」が皆無である。〔T-4.III.4:5-8〕

この一節が明らかに示唆しているのは、〈聖なる瞬間〉において、私たちが〈正しい心〉の中にある聖霊による訂正を選択し、真に自我を手放すとき、私たちは愛の反映となり、聖霊を顕現するものになれるということです。この場合には、本当にあなたの言動が愛から生じたものになることは可能です。実は、『奇跡講座』の主たるゴールは、私たちに、愛に満ちた聖霊の家である〈正しい心〉にアクセスすることを学ばせることです。けれども、それには識別力をもたねばなりません。というのも、自我の〈特別な愛〉が、多くの場合、聖霊の真の愛とそっくりに見えることがあるからです。自我による無意識の「獲得しようとする衝動」― 特別性の中核をなすもの ― は依然として非常に顕在であり、幻想からなる巧妙な嘘により真理を覆い隠すものとなります。

〈間違った心〉から発したどんな考えや言葉や行いも、たとえそれが愛あるものに見えても、実際に愛あるものとはなれません。したがって、どのようなやりとりであれ、外観で評価することは、私たちの識別力が欠如していることにほかなりません。それは、自分を愛と理解に満ちた存在に見せなくてはならないという私たちの必要から生じています。つまりそれは、自分の自我により「霊的に悟った」行動として祝福されるような存在になる必要ということです。私たちの一人ひとりがもっている「他人《ひと》から受け入れてもらう必要」というものを過小評価してはなりません。誰でも、他者から愛情深いと判断されることを望んでいるからです。この必要が、唯一の真の愛が宿る〈正しい心〉を私たちが選択することを強力に妨げるものとなります。

ときには、私たちの〈正しい心〉から発した最も愛に満ちた行為は、誰かの要請に対し「否」と答えることであり、その人に落胆や怒りを引き起こすということもあります。それゆえにイエスは、次のように述べているのです。

このコースを学ぶには、あなたが抱いている価値観のすべてを疑ってみようとする意欲が必要である。一つでも隠されて曖昧にしておかれるなら、それはあなたの学びを危うくするだろう。中庸《ニュートラル》な信念というものはない。どの信念にも、あなたが下す決断の一つひとつを指図する力がある。〔T-24.in.2:1-4〕

たとえば、私たちの自我が持っている無意識の価値観が、愛に満ちた思慮深い人間として多くの人たちから賞賛され、人気を博すことだと仮定してみましょう。そうすると、私たちの〈間違った心〉からやってくる人生の脚本の全体が、夢の中のそのようなタイプの人物を中心に展開することになります。私たちは、そのゴールを達成するかもしれません。しかし、その代わりに何を失うことになるでしょうか。『奇跡講座』を学ぶ私たちは、ときおり、外観と外形で判断するという間違いを犯します。ときに、私たちにとって最も受け入れがたい訂正は、自分の自我が「大切にしている価値観」（特に、〈特別な愛の関係〉や〈特別な憎悪の関係〉の定型）に逆らうような場合の訂正です。もし私たちに、自分の無意識の自我の価値観をあらわにできたことにほぼ確信があり、〈正しい心〉の中にある訂正にアクセスしようとするわずかな意欲があるなら、つまり自我が邪魔しないように退くなら、私たちはいずれ、自我ではなく聖霊の思考体系を顕現するものになります。

実際のところ、毎日の赦しの実践によって、私たちは自分の分裂した心の中にあるこの愛に満ちた真理の臨在とますます接触できるようになっていき、それによって、私たちの思考や言動がこの真理を表現できるようになっていきます。ですから、私たちの人生が自分の〈間違った心〉ではなく〈正しい心〉から、つまり、自我ではなく聖霊から生じるものになることは、もちろん、可能です。私たちを天国の門まで連れていくのは、憎悪よりも愛をますます多く反映するようになっていくこのプロセスです。そして天国の門の向こうに在るものこそ神の愛です。

質問39．瞑想は、『奇跡講座』の実践においてどんな役割を果たすのでしょうか？

いわゆる瞑想そのものは、『奇跡講座』のカリキュラムにおける不可欠の部分ではありません。もちろん、「ワークブック」のレッスンや、一年間の訓練プログラムを、瞑想の練習と捉えることはできます。しかし、繰り返しますが、これらは、単に一年間のために意図されたものにすぎません。とはいえ、私たちがイエスと共に静かな時間を過ごすことや、愛に満ちた彼の現存についての自覚を阻んでいる罪悪感と憎悪という障害物を、彼の助けを借りて取り除こうとすることに、イエスが反対するはずがありません。しかしながら、イエスは、特に、そうした定期的な精神修養の時間を偶像にしてしまわないようにと戒めています。そうは言っても、まだ一定の枠組みが必要だということはありますし、そうした枠組みの中には、当然、静かな時間や瞑想する時間も含まれます。

> しかし、まだこうした確信に達していない者たちはどうだろうか。彼らはまだ、自分自身の役割に枠組みを設けずにいられるだけの準備はできていない。一日を神に捧げることを習得するには、彼らは何をしなければならないのだろうか。該当する一般的なルールはいくつかあるが、それらは各自が自分なりの最善のやり方で使わなければならない。**そうしたルールをそのまま日課とすることは、危険である。なぜなら、日課それ自体が神々となりやすく、日課が達成しようとしていたゴールそのものを脅かしがちだからである。**
> 〔M-16.2:1-5　傍点は著者による〕

「私は何をする必要もない」〔T-18.VII〕というセクションは、もともとはヘレンに与えられた特別なメッセージですが、イエスはその中で、『奇跡講座』は瞑想を学ぶコース**ではなく**、それとはかなり違ったことに焦点を当てているということを、具体的に論じています。このことは、必ずしもこのコースを他の道よりも優れたものだと言っているわけではありませんが、他の道とはいかに異なっているかを明確にしてはいます。

多くの者がその準備に一生をかけ、たしかに成功の瞬間を獲得してきた。このコースは彼らが時間の中で学んだ以上のことを教えようと試みるものではないが、時間を省くことは目指している。・・・・・罪と戦うことによって贖罪に達することは極めて困難である。憎まれ、蔑《さげす》まれているもの［肉体］を神聖にしようとする試みには、途方もなく大きな努力が費やされる。また、肉体からの離脱を目的とした一生かけての観想や長期間にわたる瞑想も、必要ではない。このような試みのすべては、その目的のゆえに、いつかは成果をもたらす。だが、その手段は退屈で非常に時間のかかるものである。それらすべてが、現在の無価値にして不充分な状態からの解放を未来に求めているからである。

あなたの道はそれらとは違う。目的においては同じでも、手段においては違っている。・・・・・あなたが他の者たちに役立ってきた手段を用いることに固執して、自分のために作られたものの使用を怠るなら、あなたはこのコースを活用していないことになる。

〔T-18.VII.4:4-5, 7-11; 5:1; 6:5　［ ］内および 4:9 における傍点は著者による〕

　したがって、『奇跡講座』を学ぶ人々にとって、瞑想が自分の霊性の道に恩恵をもたらすのなら、瞑想しない方がよい理由などありません。イエスは、この場合もまた、彼らを制止しようとはしないはずです。ただし、既に見た通り、瞑想することに依存することはしないようにという警告はするはずです。瞑想は手段となるべきものであり、目的とすべきものではありません。さらに、もしそうした人々が、自分たちが瞑想するからといって、すべての『奇跡講座』の受講生が瞑想すべきだと感じるとしたら、それはもちろん間違いです。カリキュラムは個々人に即したものであり、その個人的なカリキュラムは、私たちの一人ひとりと聖霊との間で取り組まれるものだということを、決して忘れてはなりません。

　依存性と瞑想に関して、もう一つ、ここで注意すべき点があります。『奇跡講座』が、とりわけ「ワークブック」が明らかに目的としていることは、私たちがレッスンや原理を、自分の日常生活のすべての側面に、いついかなるときも普遍化できるようにすることです。何らかの困難な状況にあるとき、そこから離れて外的な静けさを得るために休みをとることが必要というのでは、この目的に完全に反することになります。そうしたやり方では、たとえば交通渋滞や、難しい会議や、精神療法のセッション中や、授業中や、喧しい子供たちがひしめく車の中などでは、まったく役に立ちません。その静けさが内的なものとなり、それによりイエスまたは聖霊が心の中に常に存在していることがわかっているというのでなければ、実際に行なった瞑想が、ほとんど役には立たなかったということになります。私たちは、自らの真の教師にいつでもアクセスできるということを学び、そうした静かな時間をすべての時へと普遍化することを、目指すべきなのです。

質問40．〈聖なる瞬間〉とは何ですか。それは贖罪の中でどのような役割を果たすのでしょうか？

ある意味では、〈聖なる瞬間〉を理解することは、先に論じた瞑想についての問題を理解することに通じます。〈聖なる瞬間〉とは、瞑想中に「よい体験」をして、イエスまたは聖霊の現存を感じる、といった時間ではありません。そうではなく、『奇跡講座』においては、〈聖なる瞬間〉とは、私たちが自我の代わりに聖霊を自分の教師に選ぶ瞬間のことであり、それは時間と空間の外側の瞬間です。自我による裁きと攻撃の「非神聖な瞬間」が、赦しにより訂正された瞬間のことであり、イエスや聖霊に助けてもらいながら自分の罪悪感を取り消す体験のことです。そして、これを目的としていることにより、その瞬間は神聖なものとなり、私たちの誤った知覚や想念を訂正するための贖罪の計画全体に必須の部分となっています。

さらに、〈聖なる瞬間〉とは、私たちが生涯を通じて踏み出す一歩一歩であり、私たちを実相世界の近くへと、徐々に導いていくステップであると理解することができます。そして、実相世界とは、ある意味では、究極の〈聖なる瞬間〉と言えます。自我の語る特別性と攻撃の必要性という話に耳を傾けたくなるたびに、私たちは、その代わりに奇跡を選択できることを思い出すようにと促されます。「奇跡がすべての不満と入れ替わりますように。」〔W-pI.78〕そうして、赦しの真髄であり〈聖なる瞬間〉の核心をなす「知覚の変化」を起こせるように、イエスに助けてもらえるということも、思い出すことになります。換言すれば、〈聖なる瞬間〉とは、『奇跡講座』の言う赦しの「小さなステップ」であり、私たちが幻想を取り消すのを助け、真理のゴールに到達できるようにするための手段なのです。

救済についての自我による狂った概念に対して、**聖霊**は優しく聖なる瞬間を差し出す。・・・・聖なる瞬間とは、過去に復讐することで救済されるという自我の固定観念の対極である。・・・・聖なる瞬間においては、**聖霊**の力が優勢になる。あなたが聖霊につながったからである。・・・・兄弟たちの中にあなたが知覚する幻想について彼らを赦すことにより、彼らを自らの幻想に隷属することから解放しなさい。そのようにして、あなたは自分が赦されたことを学ぶだろう。なぜなら、彼らに幻想を差し出したのはあなたただからである。聖なる瞬間には、これが時間の中であなたのために行われ、天国の真の状態があなたにもたらされる。〔T-16.VII.6:1,3; 7:3; 9:5-7〕

質問41：『奇跡講座』が「兄弟を解放する」と述べているとき、何を意味しているのですか。この世界が私の心の中の妄想に過ぎないのなら、どうして私が兄弟を救済できるのですか？

質問5において、『奇跡講座』の中で比喩が使用されていることについて論じましたが、そこで述べたことを思い出してください。言い換えれば、『奇跡講座』を学ぶ人々は、言葉という形態を超えて、その奥に潜む内容にまで導かれていく必要があるということです。これは、時間をかけてゆっくりと起こるプロセスであり、最初はこのコースの教えを、どちらかというと文字通りに理解することから始まります。ですから、最初のうちは、「兄弟を解放する」といったフレーズや、兄弟の救済者であるといったことに関する類似のフレーズ、さらには、「ワークブック」の中の「世の光であること」の強調などは、レッスン九三に要約されているような、私たちの否定的な自己イメージを取り消すための助けになります。

あなたは自分の中には悪と闇と罪が住みついていると思っている。もし誰かがあなたの真の姿を見たなら、毒蛇を見たときのように飛びのき後ずさりするだろうと思っている。そしてもし自分についての真理が目の前に露顕されたなら、あまりの恐ろしさにおののき、それを見てもなお生き続けることなどできないので、すぐにでも自分の手で死のうとするだろうと思っている。〔W-pI.93.1〕

私たちが自分自身について抱いている考えは真実ではないと教えられることは、癒しをもたらす訂正であり、さらに、(このレッスンの残りの部分が明確にしているように)私たちは神の意志の延長として神に愛されているだけではなく、他者を癒し祝福する力も備えていると教えられることも、同様です。本当は自分の兄弟を「解放する」というプロセスは私たちの兄弟とはまったく関係がなく、全面的に自分自身にのみ関係している、ということが明らかになってくるのは、私たちが『奇跡講座』をもっとよく学んでからのことです。実際のところ、この赦しのプロセスは、兄弟とは何の関係もあり得ません。なぜなら、真実を言えば、それは私たちの夢であり、彼はその夢の中の登場人物にすぎないからです。イエスはかなり迫力のある一節の中で、次のように尋ねています。

もしあなたがこの世界は一つの幻覚だと認識したならどうだろうか。自分自身がそれを作り上げたのだということを真に理解したとしたら、どうだろうか。そして、その中を歩き回るように見える者たちが、罪を犯し、死に、攻撃し、殺害し、自らを破壊すると

しても、彼らのすべてが実在していないと悟ったなら、どうだろうか。〔T-20.VIII.7:3-5〕

換言すれば、私たちの世界や人生は、私たちが見ている夢だということです。それはちょうど、私たちが睡眠中に見る夢が、その登場人物や出来事も含めてすべて、夢を見ている私たちの心の中だけに存在しており、それ自体もまた、ある意味では幻覚症状にすぎない、というのと同じです。さらに、自我の夢は、恐れや憎しみや虐待や赦さない思いなどを内容としていますから、私たちが「人生」と呼んでいる夢を通して、すべての登場人物がこうしたテーマを持つように、脚本が書かれているということになります。したがって、赦すべき相手などいないのです。すでに述べた通り、私たちの人生の中にいる人々はみな、私たち自身の夢の中で作り上げられた人物にすぎないからです。赦される必要がある者とは私たち自身です。キリストとしての自分のアイデンティティーを思い出して神の中で目覚める代わりに、こうして夢を見ていることについて、赦されるべきなのです。

赦しを通して「兄弟を解放する」という私たちの機能は、二人の分離した個人の間で生じるもののように経験されますが、実際には、夢の拠点である私たちの心の中でのみ生じるプロセスや機能のことを言っているのです。自我の代わりにイエスを自分の教師に選ぶことにより、また、自我の攻撃の声の代わりにイエスの赦しの声を聞くことにより、私たちは、誰の心の中にでも存在するもう一つの選択肢の表現であるイエスにつながります。そのようにして私たちは、彼らも私たちと同じ選択ができ、それにより罪悪感から解放されるということを、彼らに思い出させる存在となるのです。というのも、彼らも私たちもお互いをそれぞれの夢の脚本の中に書き込んだからです。ですから私たちは、お互いにとって、罪悪感の象徴となるか、それとも赦しの象徴となるか、どちらでも選べるのです。赦しによるこの癒しのプロセスについては、「教師のためのマニュアル」の以下の一節に、見事なまでに明確に要約されています。病気に直面したときの神の教師の役割について論じている一節です。

> **神**の教師たちは彼ら［病気の者たち］のところにきて、彼らが忘れてしまったもう一つの選択を表象するものとなる。一人の**神**の教師がただそこに居ることが、それを思い出させる。・・・**神**の教師たちは、もう一つの選択肢を象徴している。**神**の教師たちは心に**神の言葉**を抱き、祝福のうちに訪れる。病める者を癒すためではなく、神からすでに

授けられている治癒法を思い出させるためである。・・・・・彼らはそっと優しく、兄弟たちに死から背を向けるようにと呼びかける。「**神の子**よ、生命《いのち》があなたに何を差し出せるかを見なさい。この代わりにあなたは病気を選択したいのだろうか」と。〔M-5.Ⅲ.2:1-2, 6-7, 11-12　［］内は著者による〕

したがって、私たちは、世界についての自分の想念を変化させることにより、つまり救済することにより、世界やその中にいるすべての人を救済するのです。自分自身の罪悪感から自分を解放することにより、私たちは世界を解放します。なぜなら、世界は私たちが投影したものであり、私たちは世界とひとつだからです。これが、『奇跡講座』が「彼［イエス］が世界を救い始めたとき、あなたも彼と共に立ち上がった」〔C-6.5:5〕と述べている箇所で意味していることです。私たちの心はひとつです。そしてイエスが聖霊とひとつであり続けていることが、〈一なる子〉の心の中で輝ける想起のしるしとなって、同じことをするようにと促します。私たちは、そうすることを選ぶことにより、兄弟に対しイエスを顕現するものとなることができます。それは、イエスが私たちみなにとって聖霊を顕現するものである〔C-6.5:1-2〕のと同じです。

「思い出し、選びなさい」というこの呼びかけこそが、真に解放し癒しをもたらすものです。

質問42・『奇跡講座』の「あなたの兄弟を赦しなさい」という言葉は、何を意味しているのですか？ もし兄弟が赦しを受け入れなかったり、もはや、物理的に存在していなかったりする場合は、どうなるのですか？ 私はもうその兄弟を赦すことはできないということでしょうか？

この質問に対する答えは、前問の答えの続きとなるものです。『奇跡講座』においては、私たちは、他者を彼らがしなかったことについて赦すようにと求められます。このことは、「真実には、外の世界に赦すべき相手などいない」ということを思い出す時に、はじめて理解されます。私たちが何を真に赦すか（または解放するか）といえば、自分の書いた夢の脚本の中で自分の〈特別な愛〉または〈特別な憎悪〉の相手と定めた登場人物の上に、自分自身が押し付けた罪悪感の投影の数々を赦すのです。したがって、彼らが物理的にそこに居るかどうかは問題ではありません。あるいは、彼らが私たちを個人的に知っているかどうか、すでに亡くなっているかどうかさえ、問題ではありません。私たちの赦そうとしない思いを通して、彼らは私たちの心の中に存在し続けます。そして、これらの想念や投影されたイメージを赦すために助けを求める機会も、心の中に常にあり続けます。

私たちの赦しの結果もまた、あますところなく私たちの心の中に存在しており、私たちの心は他の人々の心とつながっています。もし他の人々が彼らの夢の中で私たちの赦しを受け入れないという選択をするとしても、私たちの心の中にある癒された想念の有効性が少しでも減じられることはありません。『奇跡講座』が教えるように、他の人々がそれを受け入れる準備が整うまでは、彼らの心の中で聖霊がこの赦しを保持しています。以下の一節においてイエスが言及しているのが、そのプロセスです。

私はあなたの優しさのすべてと、あなたが抱いたことのある愛のこもった考えの一つひとつを保存してきた。私はそれらのもつ光を隠していた誤りを除去してそれらを清め、あなたのためにそれらをその完璧な輝きの中に保ってきた。それらは、破壊を超越し、罪悪をも超越している。〔T-5.IV.8:3-5〕

同様にして、イエスは、私たちが他者に対して抱く愛に満ちた想念をとっておき、彼らが自分にそれを受け入れる準備ができるまで保持してくれます。

質問43．どのようにすれば、聖霊と自我の違いが区別できるのでしょうか？

まず、『奇跡講座』からの一節を検討することから始めましょう。これは「テキスト」十四章の「真理の識別法《テスト》」というセクション中に出てくる一節ですが、自我による「闇のレッスン」と聖霊による「明るいレッスン」を見分けるという文脈において、この質問への答が与えられています。

あなたには、自分が学んだことが真実かどうかを認識するための一つの識別法《テスト》があり、それは**神ご自身**と同じくらい確かな方法である。もしあなたがいかなる種類の恐れからも完全に自由であり、あなたと出会う人々や、あなたを想う人々までもが、あなたの完全なる平安を共にするなら、そのときこそ、あなたは自分自身のレッスンではなく**神**の

レッスンを学んだと確信してよい。〔T-14.XI.5:1-2〕

換言すれば、イエスは、私たちが教師として自我を選んだか、イエスを選んだかを評価するための、二つの基準を提供しているわけです。その一つ目は、自分が平安であるか否かという、個々人にとっての基準です。二つ目は、自分以外の人々、つまり自分と共に生活したり、働いたりしている周囲の人々や、その他のすべての人々と関連のある基準です。私たち全員が認めなくてはならないことは、本当は自分の特別性を選択したにも関わらず、自らを欺いて聖霊を選択したと自分自身に思い込ませることは、比較的簡単だということです。しかし、他の人々を欺くことはそれほど簡単ではありません。特に、私たちのことが良くわかっている人々、長年にわたり交流のある人々は、欺きがたいものです。ところで、『奇跡講座』の受講生たちは時に、この二番目の基準からは、イエスを除外しなければならないのだろうかという疑問を抱くことがあるようです。なぜなら、聖書に出てくるイエスという人物（ちなみに、この人物を、決して、歴史的なイエスと見なすべきではありません ― これについては、質問52を参照）は、明らかに「〔彼の〕完全なる平安を共にする」ことはせずに怒っていた人々により、十字架にかけられたからです。けれども、この状況は、次のような意味に理解されるべきです。すなわち、人々はあなたの完全なる平安を体験するかもしれないが、そのことに非常に脅威を感じて、その平安やあなたを攻撃しようとすることもある、ということです。しかし、そのような攻撃は、彼らがまず最初にその平安を本物の平安として体験し、そのあとでそれを脅威と感じるようになったのでなければ、行なわれなかったはずです。

この真理の識別法《テスト》は、長期的に見たときに使えるものです。なぜなら、繰り返しますが、他の人々を騙すことは難しいし、自分自身でさえ、長い期間だまし続けることは難しいからです。けれども、自分がどちらの教師に尋ねたかを知りたいと思ったその瞬間に、その答えを確実に知るということは、ほぼ不可能です。すでに『奇跡講座』を学ぶすべての人々が承知しているように、また、私たちがすでにコメントしたように、自我は非常に巧みにごまかして聖霊のふりをすることができます。この世界に居る人々が自分の特別性を維持することに途方もなく大きな執着を抱いていることを思えば、そのようであることは、まったく驚くに値しないはずです。次の非常に重要な一節において、イエスは、彼らの特別性がもつ、聖霊の声を隠してしまう力を、過小評価しないようにと警告しています。「テキスト」には、特別性とは信用できないものだということについて取り上げている重要なセクションがいくつかありますが、これはその内の一つからの引用です。

あなたは特別ではない。もしそうであると考え、自分の真の本性についての真理に対抗して自分の特別性を防衛しようとするなら、どうしてあなたに真理を知ることができるだろう。あなたが耳を傾ける相手も、尋ねたり答えたりする主体も、どちらもあなたの特別性であるというときに、**聖霊**が与えるどのような答えがあなたに届き得るだろう。あなたが耳を傾けているのは、特別性からの微小な答えだけであり、それは、あなたの本性を慈しみ深く讃えて常《とこ》しえに神からあなたへと淀みなく流れるメロディーの中では、かき消されてしまうようなものである。そしてあなたの本性への敬意と愛を込めて歌われているあの広大無辺な歌は、特別性の「力強さ」の前では音もなく、聞きとれないものに思える。あなたは特別性の音なき声のほうを聞こうとして耳をそばだてているが、**神ご自身**からの呼びかけのほうはあなたの前で音を失っている。

あなたは自分の特別性を防衛することはできるが、その傍らに神を代弁する声を聞くことはない。〔T-24.II.4:1-5:1　傍点は著者による〕

したがって、この質問に対する回答は、「私たちは自分の自我とあまりに同一化しているので、これは実は、問うべき質問ではない」と述べることです。それよりも、焦点は、聖霊の声を聞くことへの妨げを除去することに向けられるべきです。それが、神の声を神の声のままにあらしめることになります。ですから、質問は、「なぜ私は、聖霊が求める通りに赦しのレッスンを練習しないのか。そうすれば聖霊の声が私にもっとよく聞こえるようになるのに」であるべきです。この新しい質問により、焦点は問題を除去することへと移り、答えが私たちに与えられることが可能になります。イエスは私たちに以下のように強く勧めています。

あなたの為すべきことは、愛を探し求めることではなく、ただ自分自身の中に築き上げてきた愛を阻む障壁のすべてを探して、見つけ出すことだけである。真実を探し出す必要はないが、虚偽を探し出すことは確実に必要である。〔T-16.IV.6:1-2〕

再び「真理の識別法《テスト》」に戻りますが、以下の一節においてイエスが前記と同じ点を強調していることがわかります。これは、自我の「闇のレッスン」に対する自らの執着の強さを思えば、実際に自分が聖霊から聞くことができるようになるはずがないと絶望しているこのコースの受講生たちに対し、語られています。

あなたが自分自身に教えてきたことのすべてとこれほど完全に異なったレッスンを、どうしたら学べるのかと、心配する必要はない。あなたにどうしてそれがわかるだろう。あなたの役割はきわめて単純である。あなたはただ、自分がこれまでに学んだ一切を自分は望まないと認識すればよいだけである。教えてもらえるように求めなさい。そして、自分が学んだものを、自分の経験に基づいて確認してはならない。あなたの平安が何らかの形で脅かされたり、乱されたりしたときには、自分自身に向かって次のように言いなさい。

私には、これを含むあらゆることが、何を意味しているのかわからない。そして、それに対してどう応答すべきかもわからない。だから私は、自分の過去の学びを、今、自分を導く光として用いることはしない。

自分が知らないことを自分自身に教えようとする試みをこのように拒否することによって、神から与えられた導き手が、あなたに語るだろう。あなたが自分の自覚の中で彼が占めるべき正当な場所を放棄し、それを彼に差し出した瞬間に、彼はその場を占めるだろう〔T-14.XI.6〕

『奇跡講座』の第一の焦点は、常に、愛の現存を自覚できなくしている障壁を取り去ることにあり〔T-in.1:7〕、愛そのものではありません。ですから、繰り返しますが、私たちが焦点とすべきは、この世界のものごとについての助けや導きをイエスに直接求めることではなく、自分の自我の思考体系を退けるための助けをイエスに求めることです。最後に、この大事な点を強調している、「テキスト」からの重要な一節を引用します。

したがって、奇跡を行う者の務めは、真理の否定を否定することとなる。〔T-12.II.1:5〕

「真理の否定」というのは、もちろん、神の真理を否定する自我の思考体系のことです。私たちの責務は、自我が教えていることの正当性を「否定する」ために聖霊の助けを求めることであり、それにより贖罪という聖霊の真理を肯定することです。

質問44．私に内なる声が「聞こえない」としたら、それはよくないことなのでしょうか。私が『奇跡講座』の落第生だという意味になるのでしょうか？

実際には、夢の中には文字通り二つの「内なる声」が存在します。それは、〈間違った心〉（自我）の声と、〈正しい心〉（聖霊）の声であり、すでに見た通り、この二つは、このコースを学ぶ人々が望んだり信じたりしているほど容易に区別できるものではありません。〈一なる子〉に属する誰もが、その個性と独自性を維持するために、自我の声に耳を傾けてきましたし、自我の計画に従ってもきました。この地球の歴史や、最近の出来事をざっと眺めただけでも、そうした事実がいやおうなく証明されます。まったくのところ、神を代弁する声〔訳注２〕――『奇跡講座』においては聖霊を意味する言葉――を聞くことができるようになるというのは、それほどたやすいことではありません。実は、『奇跡講座』自体が、「神の声をわずかでも聞くことのできる者はきわめて少数であり、その彼らでさえ、神からのメッセージを自分に与えた霊を通して、直接それらのメッセージを伝達することはできない」〔M-12.3:3〕と述べています。

〔訳注２〕「神を代弁する声」は原書における Voice for God の訳語であり、この二行後に出てくる「神の声」は God's Voice　または His Voice　の訳語であるが、『奇跡講座』においては、いずれも聖霊を指して使われている。

私たちの、ほとんど常に意識されていない特別性への執着や自分の個性を維持する必要が、特別性の取り消しのために語る声を聞くことを、非常に難しくしています。前問において引用した「テキスト」二十四章からの一節は、はっきりとこの問題に言及しています。『奇跡講座』を真摯に学ぶ人々が聖霊の声を聞いていると確信しているときに、実は彼らが聞いているのは、自分では「特別な使命」だと信じていたい役割の範囲内で、自分の自我が自分の特別性やユニークさを褒めそやしている声だけだということが、非常に頻繁に起こるのです。

『奇跡講座』を学ぶ多くの人々にとってもう一つの誤解の源になっているのは、聖霊の声というアイデンティティーそのものです。ヘレンが聞いていたような形で「声」が内側で聞こえないからといって、私たちが『奇跡講座』を落第するというわけではありません。さらに言えば、私たちは、聖霊が私たちに到達する方法やルートを、限定しようとすべきではありません。たとえば、夜間に見る夢、友人との会話、ひらめいた考え、読んでいる本、出席した授業 — 聖霊はこうしたもののすべてを、私たちの間違った思考の訂正を示すために使用することができます。

結論として、以上の重要な点を言い直すなら、『奇跡講座』の「良い」生徒であるための唯一の基準は、赦しを通して自我を取り消す聖霊のレッスンを学ぼうとする「わずかな意欲」をもっていることだと言えます。ですから、ヘレンが聞いていたのと同じように、内なる声を具体的に聞くということは、この文脈においては関係のないことだと理解することができます。

質問45．イエスや聖霊が、私にレッスンを送ってくるのでしょうか？

いいえ、そうではありません。これもまた、『奇跡講座』の言葉が文字通りに受け取られた結果、イエスがこのコースの中で実際に教えていることとは正反対の結論が引き出されている事例の一つです。確かに、聖霊（またはイエス）が、私たちにレッスンを与えるとか、人々を送ってくるとか、あるいはまた私たちが他者のもとに送られるといった文言の出てくる箇所が、いくつもあります。しかし、私たちは、もしこのコースの原理を学んで実践することにおいて成長したければ、こうした記述が、『奇跡講座』の教え全体に比べれば明らかに少数にすぎず、このコースと共に霊性の旅路を歩み始めたばかりの人々に届くようにと意図されたものであることを、理解しなくてはなりません。だからイエスは、このコースを学ぶ人々を いつも子供たち（時には幼児たち）と呼んで、彼らが恐れることなく理解できる言葉で、彼の教えを表現しているのです。

私たちの経験においては、自分がしっかりとこの物理的な世界の一部をなしていますし、それと同じくらいしっかりと神もこの世界の一部をなしていると私たちは信じています。すでに引用しましたが、「テキスト」の中には、たとえば、「あなたは神についてすら、肉体や、自分が認識できると考える何らかの形から離れて考えることはできない。」〔T-18.VIII.1:7〕という重要な文言があります。ですから、すでに質問5で論じたように、イエスが、私たちの理解能力を超えたレベルの説明を与えるとしたら、助けにもならず、実用的でもありません。「ワークブック」の中で彼ははっきりと次のように述べています。「自分が容易に把握できる範囲をはるかに越えた言語を理解できる者などいないからである。」〔W-pI.192.2:2〕こうして、イエスは言葉というものを、私たちの経験のレベルからイエスの真理へと橋渡しするものとして使用している、ということがあらためて認識されます。

実は、聖霊やイエスはこの世界の中では何もしないのです。なぜなら、すべての訂正や癒しは心のレベルにおいて生じるからです。イエスは「ワークブック」の中できっぱりと述べています。「世界は存在しない！　これがこのコースが教えようとしている中心概念である」〔W-pI.132.6:2-3〕と。イエスは私たちの心の中だけに現存しています。なぜなら、それだけが存在するすべてだからです。想念はその源を離れず、それゆえに、夢はその夢を見ている者の心から決して離れたことはありません。

私たちにとって、この世界がどれほど圧倒的に実在するように見えようとも、この事実に変わりはありません。これは、夜、眠っていて夢を見るときに誰もが経験することと似ています。睡眠中は、夢を見ている者は実際に、夢の中で生じている諸々の活動をまさに実在するものと信じています。そして、それにしたがって、幸せな気持や、恐れや、喜び、あるいは不安などの反応を示しますし、言うまでもなく、それに付随する肉体的反応として、脈拍が早くなったり、汗をかいたりします。けれども、目が覚めたときには、夢を見ていた者が「それは単なる夢だった」と気づきます。質問22において論じたことにも通じますが、私たちは、夢を見ていた者の心の中だけを別として、何も起こってはいなかったということを理解するのです。ただ、その心の中に、まるで本物のように見える様々な形象や象徴が含まれていたということです。『奇跡講座』の中でイエスが何度も強調しているように、私たちの睡眠中の経験と目をさましているときの経験の間には、何の違いもありません。どちらも、更に大きな分離の夢の中で生じているものにほかなりません。「テキスト」は以下のように述べています。

あなたの時間のすべてが、夢を見ることに費やされている。あなたが眠っているときに見る夢と目が覚めているときに見ている夢は、異なった形をしており、違いはそれだけである。内容はどちらも同じである。どちらも実相に対するあなたの抗議であり、自分には実相を変えることができるという、狂った固定観念である。あなたが目覚めているときに見ている夢では、特別な関係が特別な位置を占めている。それは、眠っているときに見る夢を実現させるための手段である。〔T-18.II.5:12-17　傍点は著者による〕

ですから、もしも私たちの聡明な内なる教師イエスが、問題は世界の中に存在するのだからその解決法もそこに存在していると捉え、それにより、この世界と同じく、誤りを実在のものにするという罠にはまるとしたら、意味をなしません。けれども私たちは、自分がここに居て、問題や答えもここにあると信じている間は、自分を助けてくれるものもまたここにあるものとして経験することになります。そして、私たちの〈正しい心〉――私たちが否定してしまった心――の中の、愛に満ちたイエスの現存は、たとえ、彼が肉体やこの世界の中には存在していなくても、必然的に、それらの中に経験されることになります。赦しのプロセスに加わることにより、『奇跡講座』を学ぶ私たちは、徐々に、自分は夢を見ている者であり夢そのものではないということとや、自分という存在は肉体の中ではなく心の中にあるということを、実感するようになっていきます。そしていつかは、イエスや聖霊は自分の心の中だけに存在するという認識が生じます。

では、心の中におけるイエスや聖霊の機能は何でしょうか。以前に論じたことを言い直すなら、彼らの機能は神の子に、彼が（自我を教師に選んだことにより）間違った選択をしたこと、そして、今、正しい選択ができることを、思い出させることに過ぎません。奇跡を通して、彼は再び自分の心に注意を向けられるようになります。そして、彼の心こそが、間違った選択が為されたところであり、聖霊の現存が彼に、自分は選び直せるということを思い出させるところです。テキストの最初の方で、イエスは聖霊の機能を次のように述べています。

聖霊の声は傲慢になれないので、命令しない。支配しようとしないので、要求しない。攻撃しないので、征服しない。**聖霊の声**はただ思い出させるだけである。それが抗し難いとすれば、その理由はただ、それがあなたに思い出させるもののせいである。それはあなたが作り出す混乱の只中にあっても静かであり続けることによって、あなたの心に

別の道を示す。〔T-5.II.7:1-6〕

ですから、私たちの脚本を書き、選択するのは、私たち――私たちの心の中の〈決断の主体〉――であり、イエスの役割は、私たちに、「自分が選んだものをどのように見るかについて別の選択ができる」ということを思い出させることです。この、イエスの愛を傍らにしつつ見る、ということが、『奇跡講座』による赦しの意味の核心です。私たちは、間違って選んだ張本人であり、ですから、別の選択をすべき者も私たちなのです。イエスは、「テキスト」の末尾において、次のように私たちに説いています。

試練とは、以前に学びそこなったレッスンが再度あなたの前に提示されているものに他ならない。したがって、あなたは、前回は選択を誤ったところで今回はよりよい選択をすることができるようになり、そうして、以前の選択があなたにもたらしたすべての苦痛を免れることが可能となる。あらゆる困難や苦悩や困惑の中で、**キリスト**はあなたに呼びかけ、「兄弟よ、選び直しなさい」と優しく促している。〔T-31.VIII.3:1-2〕

繰り返しますが、私たちに脚本を与えるのは私たち自身であり、そうした経験をするときに導いてくれる教師を、自我とイエスのどちらとするかを選ぶのは、私たちの心なのです。

したがって、私たちに駐車スペースを見つけてくれたり、私たちが助けるべき人々や私たちを助けてくれる人々を送ってくるのは、聖霊ではありません。あるいはまた、赦しのレッスンとして、私たちが強姦魔に襲われるように聖霊が仕向けるなどといったこともありません。ちなみに、ある一人の気の毒な『奇跡講座』受講生は、彼女の人生における非常につらい経験についてそのように信じていました。聖霊についてのそうした間違った考えは、潜在的に悲劇的な影響をもたらす可能性があるだけでなく、私たちが、自分自身の選択の責任を聖霊やイエスに転嫁させることで、自らの責任を回避するのを助長します。そうなると彼らは、自分の特別性に根差した立場を擁護するために『奇跡講座』からの文言を――文脈から切り離して！――引用することで、そうした誤った知覚を、正当化することになります。

それゆえ繰り返しますが、『奇跡講座』を学ぶ私たちにとって、このコースの教えがもつ形態を、その奥にある内容と混同しないようにすることが、きわめて重要なのです。さもなければ、私たちに成長は訪れず、『奇跡講座』から提供されている霊性の階段を上っていく旅の、最初の数段に永遠に留まり続けることになります。聖霊がこの世界の中で私たちのためにものごとを行なってくれると私たちは告げられていますが、その目的は、私たちが自我の基本的な思考体系から癒されることにあります。自我の思考体系は、聖霊は存在しないし、たとえ存在していたとしても、決して私たちを慰め、導いてくれるような親しみのもてる存在ではないと教えるからです。『奇跡講座』が真に教えているのは言葉そのもの（形態）ではなく、その奥にある意味（内容）です。イエスがこうした比喩的な言語を使用している目的は、怒りと復讐の神が人々の罪ゆえに人々を罰するだろうという自我の想念を、私たちが取り消すのを助けることにあります。

いったん、神（または聖霊やイエス）が、私たちの敵だという信念が訂正されたなら、私たちは、旅の次の段階に進むことができます。そうして、旅が終わりに近づいていくにつれ、私たちは、自分の分裂した心の中に現存する聖霊やイエスの本質的に抽象的な実相を、次第にはっきりと認識するようになります。ここで重視すべきは、霊性の道はゆっくりと忍耐強く進むことが決定的に重要だという点であり、これが、自分の個人的なアイデンティティーを最後には手放すということについて必ず生じてくる恐れを、最小限にとどめるものとなります。以下に見るように、イエスは夢の比喩を用いて、非常に優しく私たちを慰めています。

常に実用的な叡智をもつ**聖霊**は、あなたの夢を受け入れて、目覚めさせるための手段として用いる。あなたなら、眠ったままでいるためにそれらを使っていただろう。私は以前、夢が消え去る前の最初の変化は、あなたの恐れの夢が幸せな夢に変わることだと述べた。その変化をもたらすことが、**聖霊**が特別な関係において行うことである。**聖霊**はそれを破壊することも、あなたから急に取り上げることもしない。その代わりにそれを異なったやり方で使う。すなわち、**聖霊**の目的をあなたにとって実在のものとするための一助として、それを使うのである。特別な関係はそのまま残るが、それは苦痛と罪悪感の源としてではなく、喜びと自由の源として存続することになる。・・・・あなたの関わる関係の中に、**聖霊**は優しく実相世界を置いた。それは幸せな夢に満ちた世界であり、そこから目覚めることは実に容易で自然なことである。〔T-18.II.6:1-7; 9:4〕

こうして、私たちは、〈特別な関係〉という幻想からなる悪夢のもとから、直接、神との一なる関係という実相へと進むことは求められず、まずは、イエスを自分の導き手にして、赦しという幻想の夢を通過するよう求められます。こうした幸せな夢は自我の妨害を取り消し、神の愛が私たちの自覚へと戻ってくることを可能にします。それゆえ、『奇跡講座』の受講生として、私たちは最初に、神は憎悪ではなく愛に満ちた父であり、聖霊は敵ではなく私たちを慰めてくれる仲間であると学ぶのです。そのあとではじめて私たちは、イエスや聖霊に慰めてもらう場としてのこの世界が実際には存在していないということを、学ぶことができるようになります。そのとき、比喩はその目的を達したのであり、神の中の一体性という、すべての言葉を超えたところに存在する単純な真理に、道を譲ります。そして、これが『奇跡講座』の究極の目的です。

質問46．神が、私たちのことや世界のことを知ってさえもいないというのなら、祈りには、どんな意味や目的があるのでしょうか？

伝統的な意味合いでの祈りには、『奇跡講座』の理論や実践において果たすべき役割はありません。ほとんどの伝統的宗教にとって、祈りは、自分の外側に知覚される神に対し、自分自身や他者に影響している問題と知覚されるものについて、取りなしや調停やその他の形で関与してくれることを、嘆願するものだからです。そのようにして、問題は常に心の外側に、そしてその人がもつ解決する能力の外側に見られることになります。そして、神は、古代ギリシャ劇に見られるような意味合いで、「天の助け」(deus ex machine：文字通り訳せば「乗り物から出てくる神」) として知覚されており、それは、突如として、まさに魔法のごとくに、私たちの世界の中に入ってきて、間違ってしまったものごとを修正してくれる存在です。古代劇の上演において、実際に神を乗せた一つの乗り物が舞台に登場し、その神が最後にすべてのものごとを正すといった場面が見られますが、まさにそうした存在です。もし神がそのようなやり方で作動するとしたら（ここには、もちろん、夢の中で神の代理を務めるイエスや聖霊も含まれます）、神は、『奇跡講座』の「至上命令」とも言える原則「誤りを実在にしてはならない」〔T-9.IV.4:1-6; S-2.I.3:3-4〕に違反していることになります。幻想の世界の中で幻想の問題を修正しようとすることは、まさしく、この「至上命令」に反することです。

だからこそイエスは、「テキスト」の最初の方で、「唯一の有意義な祈りは、赦しを求める祈りである。なぜなら、赦された者は一切を有しているからである。」〔T-3.V.6:3〕と述べているのです。そして、私たちの〈正しい心〉にアクセスするための助けを聖霊に求めることは、もちろんこの祈りの一つの形態です。赦しは、解決すべき問題が実際に存在しているという、心による間違った考えを取り消します。当然ながら、真の問題は、問題がそこにあると信じている信念そのものです。ですから、私たちは外側の誰かに対し、外側の問題を取り除いてくれるようにと祈る必要はありません。そうではなく、ただ一つの問題（分離への信念）とただ一つの解決（贖罪）だけが存在し、さらには、この問題は既に解決されている〔W-pI.79,80〕ということを思い出すための助けを求めて、祈るのです。答えは、私たちに受け入れられるのを、ただ待っています。

祈りということについて、さらに詳細にわたる説明を望まれる場合は、『祈りの歌』の最初のセクション「祈り」を参照してください。

質問47.『奇跡講座』を勉強するようになって以来、ものごとが以前より悪くなっているように思えます。こうしたことはよくあることなのでしょうか？ 私は何か間違ったやり方をしているのでしょうか？

個人的な経験について、その詳細を知らないままにお返事するというのは、常にむずかしいことなのですが、それでもいくつかの一般的な所見を述べることはできます。多くの人々においては、実際のところ、このコースを学ぶことにより、自我の葛藤が緩和されるよりも激化するように見える、ということが起こります。実は、そこでしばしば起こっていることは、長期にわたり否認され続けてきた自我の想念が今では自覚されるようになりつつあるということで、これは、『奇跡講座』の重要な原則である「幻想を真理へと運ぶ」または「闇を光へと運ぶ」ということの一例です。それにより、イエスまたは聖霊と共にそれらを直視して、それらを手放すということが可能になります。私たちの罪悪感を否認されたままにし続けるものは恐れですから、この罪悪感を自覚できるように明るみに出すということ ― それは常に特別性の何らかの側面に表現されることになる ― は、必然的に、恐れを経験することへとつながります。これが、こうした経験について具体的に述べている「テキスト」中の迫力ある二つの記述が意味していることです。その一つ目は、自我の代わりにイエスを自分の導き手にするという私たちの選択について、そして、自我がそうした裏切りと知覚されるものに対して示す怒りの反応について述べています。

あなたのための**神の意志**を、あなたは知りたいだろうか。あなたに代わってそれを知っている私にそれを聞きなさい。そうすれば、あなたはそれを見つけるだろう。**神**が私に何も拒まないのと同じように、私もあなたに何も拒まない。私たちの旅は、単に、私たちの生家である**神**のもとに戻る旅にすぎない。平安への道の途中で恐れが侵入してくるときはいつでも、その理由は、自我が私たちと一緒にその旅に加わろうとしてそれができないからである。敗北を感知して怒った自我は、自分が拒絶されたと見なし、報復しようとする。〔T-8.V.5:1-6　傍点は著者による〕。

二つ目は、「二つの評価」というセクションからの引用であり、私たちが自分について、自我による愛のない評価ではなく、聖霊による愛に満ちた評価を選択するとき、自我が示す反応について説明しています。

だとすれば、あなたの心の中にはあなた自身についての二つの相容れない評価があり、その両方が共に真実ではあり得ない。これらの評価がどれほど完全に異なったものであるか、あなたはまだ気がついていない。なぜなら、**聖霊**が本当のあなたをどれほど高貴なものとして知覚しているか、あなたは理解していないからである。**聖霊**はあなたの本性を決して忘れないので、あなたが行ういかなることによっても欺かれることはない。自我はあなたが行うすべてのことによって欺かれる。とりわけ、あなたが**聖霊**に応答するときにはそうである。なぜなら、そのようなとき、自我の混乱が深まるからである。したがって、あなたが愛をもって応答するとき、自我があなたを攻撃する可能性は高まる。なぜなら、自我はあなたを愛のない存在だと評価しているのに、あなたはその判断に逆らっているからである。あなたの動機が、自我が知覚しているあなたとは明らかにそぐわないものになるやいなや、自我はそれを攻撃する。自我が猜疑心から凶暴性に突如として移行するのは、このときである。それは、自我の確信のなさが深まるからである。〔T-9.VII.4:1-7　傍点は著者による。〕

これらの記述のどちらも、文字通りに、つまり自我という存在が、実際に、その属性とされているこうしたことがらを信じているとか、感じているといった意味で、理解されるべきではありません。イエスは『奇跡講座』の中で、私たちが自我の力動を理解しやすくなるように、自我を擬人化しています。それについては、「テキスト」の初めの方に以下の通り説明されています。

私は、自我について、あたかもそれが独自に行動する別個の存在であるかのように語ってきた。こうすることが必要であった理由は、あなたが自我を気軽に退けることはできないということ、および自分の思考のどれほど多くが自我の指揮下にあるかを悟らねばならないということについて、あなたを説得するためだった。〔T-4.VI.1:3-4〕

自我の「報復」や「凶暴性」といった表現は、私たちが、自分の特別性や個人としてのアイデンティティーを脅かす何かに直面した時に抱く恐れを描写するための、単なる比喩です。私たちの夢の中での愛に満ちたイエスという存在は、聖霊による私たちについての評価を反映しており、自我の思考体系にとっては、脅威の核心を象徴しています。この恐れが、投影という防衛へとつながり、それは必ず、他者に対し凶暴に行動したり思考したりするという形（怒り）、もしくは、自分自身に対しそうしたことをするという形（病気）をとります。こうした怒りや苦痛という「自我の攻撃」が、「ものごとが以前よりも悪くなっている」という知覚や経験をもたらすのです。

　要約すれば、こうした困難な時期は、「教師のためのマニュアル」の中で「不安定な時期」と呼ばれているものですが、これは「良いしるし」である場合がしばしばあるのです。つまり、私たちが実際に『奇跡講座』と共に自分たちの赦しの旅路を前進している、というしるしです。ただしこれは、常にそうだという意味にとるべきではありません。私たちは、「肯定的な」しるしと「否定的な」しるしとを、区別することを学ぶ必要があります。そして後者の場合は、自分が自我の地獄の中へとさらに急落していて、それゆえに外側からの助けを必要としていることもあります。特に、『奇跡講座』の教師やセラピストといった役割を、これらの分野でトレーニングや指導を受けるという経験のない人が引き受ける場合は、他者が深刻な問題の中にあって本当に助けを必要としているような状況下で、自分自身の特別性の必要が正しい判断を妨げることのないように、厳重に警戒していなくてはなりません。不幸にして、私たちは長年の間、専門的に訓練されていない人々が、情緒的に深刻な問題を抱えている誰かのためにカウンセラーやセラピストの役を担ったことで引き起こされた、数多くの痛ましく悲劇的な結果を目にしてきました。時には、彼らが介入したことにより、問題が緩和されずにむしろ深刻化し、入院が必要なほどの状態となったことさえあります。

質問48.『奇跡講座』を忠実に実践すると、私は消えてしまうことになるのでしょうか？

これは、『奇跡講座』を学ぶ人々の多くが共通して表明する懸念であり、前にも取り上げた「レベルの混同」を反映しています。『奇跡講座』の形而上学的土台を意味して私たちは第一レベルという用語を使っていますが、この第一レベルにおいては、真理と幻想、あるいは永遠と時間という二者の間に全く譲歩の余地を見ないという点で、妥協のないものです。このレベルにおいては、私たちは一度も天国から離れたことがないわけですから、天国の無形性に戻るのに何ら時間を要しません。先に引用した「あなたは神の内なるわが家にいながらも、流刑の身となった夢を見ている」〔T-10.I.2:1〕という重要な文言を思い出してください。私たちの「距離のない旅」〔T-8.VI.9:7〕は、完了するために時間を必要とはしません。しかしながら、夢の中の私たちの時間的な経験を反映する第二レベルにおいては、私たちの帰郷の旅には私たちに必要なだけの時間がかかります。実のところイエスは、「テキスト」の最初の方で、夢が集合的に終了するには、「何百万年」もかかると述べており〔T-2.VIII.2:5〕、イエスが、神の子の恐れを柔和なやり方でゆっくりと取り消す必要を認識しているということが、確かに伺われます。実際のところ、既に見た通り、『奇跡講座』の中の数多くの記述にその認識が反映されています。ですから、私たちは、次のような言葉から、慰めを得るべきです。これは、「神の胸《こころ》の中へと」消えてしまうことへの彼らの恐れは、根拠のないものであることを示しています。

自分が不意に引き上げられて実相の中に投げ込まれるのではないかと、恐れることはない。〔T-16.VI.8:1〕

『奇跡講座』の促す成長のプロセスは常に、イエスや聖霊による柔和で忍耐強い導きのもとに進む漸進的なものです。イエス自身の言葉を借りるなら、それは「ゆっくりと展開していく訓練プログラム」〔M-9.1:7〕であり、「かなり緩慢としたプロセス」〔M-9.2:4〕だと言えます。私たちは、この赦しのプロセスの「速度を上げる」ようにと助言する人々には用心していなくてはなりません。より大きなレベルにおいては、『奇跡講座』という霊性の道は、イエスが繰り返し強調している通り、確かに時間を省きますが、個人的な経験のレベルにおいては、かなり違ったところに重点が置かれます。そこでは、私たちはゆっくりと柔和なやりかたで進んでいかなくてはなりません。さもなければ、突然のパニックに襲われることになります。「テキスト」第一章の末尾には、イエスの側からのこの同じ懸念が表現されており、彼はこのコースの受講生たちに対し、「あまりにも恐ろしく」なって、彼らの体験が「精神的外傷《トラウマ》をもたらすもの」にならないように、旅路の終盤に備えて準備しておくようにと勧めています。

それゆえ、『奇跡講座』を学ぶ人々は自分のアイデンティティーや個性を失うかもしれないと恐れる必要はないのです。このコースの学びや実践が進歩していくにともない彼らが失うのは、自分の罪悪感や不安や憂うつや恐れなどであり、彼らが発見するのは、自分が「もっとたびたび微笑む」〔W-pI.155.1:2〕ようになっているということです。「最後の一歩」は、神に属するものであり、神が私たちの方へと身をかがめ、「私たちをご自身のもとに引き上げる」ために踏み出す一歩ですが、それが起こるのは、私たちが「神ご自身へ向かって踏み出すようにと神が〔私たちに〕求める小さな一歩」〔W-pI.193.13:7　〔 〕内は著者による〕のすべてを完了させた後のことです。

したがって、結論としては、「即時的な悟り」は、『奇跡講座』が教えているものではありません。「神聖な関係」や「実相世界」も、一年間では達成されません。『奇跡講座』の霊性は、自我の心がひねり出す決まり文句や虚飾などを超えたものです。悟った個人と同じ場に居ることで達成される即時的な悟りであるとか、神聖な関係の即時的達成であるとか、はては実相世界の中に入っていくことといった心得違いの努力を強化するようなものは、『奇跡講座』の中には一つもありません。そのような魔術的な希望を追いかける人々は、結局は自分たちの努力が無駄になったことを見出すだけでしょう。というのも、そうしたものは、さらなる幻覚的な救済体験を強化するだけのものだからです。実際のところ、究極の〈聖なる瞬間〉を達成するには、長年にわたる真剣な学びと勤勉さと実践が必要とされます。そして、究極の〈聖なる瞬間〉を達成するということが、すなわち実相世界の達成ということなのです。

第四章　イエス

質問49.『奇跡講座』は、その中のどこで、イエスが著者だと言っているのですか？　なぜこの本には著者名がないのですか？　さらに、なぜ「教師のためのマニュアル」の中に、三人称で書かれたイエスについてのセクションがあるのですか？

『奇跡講座』のテキストのほぼすべての部分が、一人称で書かれており、その全体を通して、「私」というのは、明らかにイエスであることが示されています。さらに、彼が十字架刑と復活について具体的に述べているたくさんの箇所があります。「受講生のためのワークブック」、および「教師のためのマニュアル」の中には、明確に一人称で述べられている箇所は比較的少ないとはいえ、一人称となっている箇所は私たちの心に強く訴えかけるものとなっています。たとえば、「ワークブック」のレッスン七十、復習Vの序文、「マニュアル」の末尾の詩などがそれです。

興味深いことに、「マニュアル」本体の中には、「癒しにおいて、イエスには特別な役割があるか」というセクションがあり、「マニュアル」の付録である「用語の解説」には、「イエス―キリスト」および「聖霊」という二つのセクションがあり、これらのセクションでは、イエスについて三人称で語られています。このような人称の変化について、ヘレンがここで別の声を聞いていたことを示唆する顕著な変化だと捉えている人たちもいますが、これは絶対にそうしたものではありません。彼女は常に、自分に口述している声はただ一つであり、それがイエスであることをはっきりと認識していました。これらの三つのセクションは、特にイエスについて述べており、その「声」の人称が変化していることには文体的な意図があるのみで、それ以外の意味はありません。けれども、読者が望むなら、これらの三人称になっている箇所は、聖霊がイエスについて語っていると理解することもできます。

「教師のためのマニュアル」の前記のセクション中に、以下の通り、『奇跡講座』の源はイエスであるという非常に具体的な記述が見られますが、これも、もし読者が望むなら、聖霊により語られたものと理解することができます。

このコースは彼からもたらされたが、それは、あなたが愛し、理解できる言語で、彼の言葉があなたのもとに届いたからである。他の言語を話し、異なる象徴に訴える者たちにも、道を先導するための他の教師たちが存在するのだろうか。もちろん存在する。**神**が、苦境の時にすぐにも間に合う助力や、**神ご自身**を象徴できる救済者を与えずに、誰かを放っておいたりするだろうか。だが、私たちには多面的なカリキュラムが必要である。しかしその理由は、内容に相違があるからではなく、象徴というものは必要に応じて移り変わり、変化しなければならないものだからである。イエスはあなたの必要に応えるためにやってきた。彼の中に、あなたは**神の答え**を見つけるだろう。〔M-23.7:1-7傍点は著者による〕

『奇跡講座』の中に著者名が記されていない理由は非常に単純なものです。イエスがヘレンにそうするようにと、きわめて明確な指示を与えていたからです。ヘレンもまた、自分自身の名前は表に出さないことを個人的には明確に決めていましたし、人々に対し、常に、自分はこのコースの作者ではないときっぱりと断言していました。

質問50・『奇跡講座』が述べているように、イエスが自分自身に贖罪を受け入れた最初の者だったとしたら、仏陀のような人々についてはどうなのでしょうか？

その言及は、「用語の解説」の「聖霊」というセクションに出てくるもので、以下の通りです。

聖霊はイエスをその計画を実行する先導者と定めたが、それは、イエスが自らの役割を完璧に果たした最初の者だったからである。〔C-6.2:2　傍点は著者による〕

『奇跡講座』を学ぶ私たちは、この文を、「自分たちの先生」（イエス）の方が「あなたたちの先生」（仏陀または他の悟りを得た教師）よりも上だと自慢する権利を確立する術《すべ》として、使用したくなるかもしれません。しかし、そのような霊的な特別性にイエスが眈るなどと、本当に信じることができるでしょうか。この文を理解するためのもっと良い方法は、次の事実を思い出すことです。すなわち、時間は直線的ではないということ、それゆえ、『奇跡講座』の中には、イエスが贖罪を自分自身に受け入れたのがいつであるかを示唆するものは何もない、ということです。そして、繰り返しますが、時間は直線的ではないのですから、この質問全体が、無意味なものとなります。ただし、それは、私たちが自分自身の特別性の想念を手放す貴重な学びの機会にはなります。そして、前記の文言が出てくる直前のセクションにおいて、イエスが次のように述べていることも思い出せば助けになります。

助け主たちは数多くの形態であなたに与えられるが、祭壇の上では、それらはひとつである。それぞれの形態の向こうにはひとつの**神の想念**があり、これは決して変化しない。しかし、しばらくの間は、それらにはいくつもの異なった名前がついている。なぜなら、時間は、それ自体が実在しないので、象徴を必要とするからである。それらの名前は数多くあるが、私たちはこのコース自体が用いている名前以外は使わない。〔C-5.1:3-6〕

換言すれば、彼はキリスト教という枠組みの中だけで語っているのです。ですから、他の霊性の道の教師たちについて論じることは、妥当ではないということになります。「彼らの名前は数多くある」のです。

質問51・『奇跡講座』が示唆しているように、この世界が二千年前のイエスのメッセージを完全に誤解したのであれば、なぜ彼はその訂正のためにこれほど長く待ったのでしょうか？

この思慮深い質問も、やはり時間を直線的に捉える観点に基づいており、その観点からは、誤りの訂正にかける時間として二千年というのは異常に長い時間のように見えます。そして、こうした質問をする人々は、明らかに彼ら自身の焦りや赦せない思いをイエスの上に投影しています。つまり、様々なキリスト教の教会が真のイエスが説いた、自我なき教えの上に自我の思考体系を重ね合わせてきたことに対し、自分が抱いている赦せない思いを投影しているのです。

この質問に、より深いところで取り組む一つのやり方は、次の点を考慮することです。すなわち、実相世界に居る者たちはみな、イエスと同じく、自我なき存在なので、何かを行なうということを真に選択することはない、という点です。彼らは聖霊を最終的にきっぱりと選択したので、もはや、選択すべきものは存在しません。自我にとっては、「肉体を動かし、この世界と交流すること」が重大な必要となっていますが、彼らの心の中には、もはやそうしたことを選択する〈決断の主体〉が存在しません。真に進歩した神の教師たち、すなわち教師たちの教師たちは、行なうのではなく、ただ存在するのです。彼らは、自我の思考体系の実在性を信じている人がするように、計画したり、選択したり、熟慮したり、行動したりすることはありません。単にそこに存在する彼らの愛は、依然として形態の世界と同一化している人々の必要に沿った形をとります。それはちょうど、水を入れる容器が水のとる形を定め、川底の地形がそこを流れる水を形作るのと同じです。

この文脈において言えば、イエスが二千年前に夢の世界の中に現われたことは、神の子の側に、神の愛を自分の夢の中で経験することへの準備ができていたことの結果だと理解することができます。それはまるで、神の子の心――存在する唯一にして真

の経験の領域 ― が、それまでは聖霊の存在を排除していた自分の心のドアを部分的に開いたかのようです。以前は罪悪感で暗くなっていた心が、こうしていくらかの光を中に入らせ、その光がイエス ― 光の子 ― という形をとりました。そして、自我の闇の世界の内側における彼の存在が、私たち全員に、自分たちもまたその光の子供たちであることを思い出させます。

けれどもこの光は自我の闇の思考体系にとっては深刻な脅威であり、それが生み出した恐れによって、神の子は自分の個人的な自己を保護するためにそのドアを閉じてしまいました。それがイエスを破壊するという形となり、続いて彼のメッセージを葬るという形になったのです。これは、キリスト教の歴史が証言している通りです。福音書の著者たちがイエスのメッセージ全体を変更し、それらを、十字架刑に依拠するものにしてしまったことには、背信と受難と死という思考体系を永久保存しようとする自我の潜在的な計画が反映されていました。イエスは『奇跡講座』の中で何度かこの精神力動について所見を述べています。以下、そのうちの二箇所を検討しますが、一つは、神の子の心の一般的な精神力動について述べたものであり、もう一つは、イエス自身について述べたものです。

光が近づいてくると、あなたは闇へと急ぐ。真理の前で縮み上がり、あるときは、些細な形の恐れの中へ、またあるときは、正真正銘の恐怖の中へと逃げ込む。〔T-18.III.2:1〕

分離を信じる者たちはみな、仕返しされることと見捨てられることに対し基本的な恐れを抱いている。彼らは攻撃と拒絶を信じているので、それらを知覚し、教え、学んでいる。これらの狂った考えは、明らかに解離と投影から生じたものである。あなたの教えていることがすなわちあなた自身であるが、明らかに、あなたが間違った教え方をすることは可能なので、自分自身に間違ったことを教えることはあり得る。私が攻撃していないのは明らかだったにもかかわらず、多くの者たちが、私が彼らを攻撃していると考えた。狂った学習者は奇妙なレッスンを学ぶものである。認識すべきことは、あなたが何らかの思考体系を共有しないときにはそれを弱めている、という点である。したがって、その思考体系を信じている者たちは、そのことを彼らに対する攻撃と知覚する。この理由は、誰もが自分自身を自分の思考体系と同一視するものであり、どの思考体系も、人が自分を何であると信じているかを基軸としているからである〔T-6.V-B.1:1-9〕

以上に加えて、「テキスト」三章の最初のセクション「犠牲のない贖罪」、および六章の最初のセクション「十字架刑のメッセージ」も参照してください。これらの箇所でイエスは、彼のメッセージについての誤解、および、なぜ、どのようにしてそれが起こったかについて、更に詳細に所見を述べています。

そして二千年後の今、私たちが目にしているのは、閉じられた神の子の心へと通じるドアが、再び真理の光を中に入らせるべく開かれたこと、そしてその結果として、イエスの本来のメッセージが、現今の二十世紀（もうすぐ二十一世紀ですが〔訳注3〕）の形態で提示されているということです。言うまでもなく、キリスト教の世界(および、非キリスト教の世界）には、他にもこの光の表現がいくつも存在してきました。けれども、繰り返しますが、私たちは『奇跡講座』という文脈の中に留まります。

〔訳注3〕原書 The Most Commonly Asked Questions About A COUSE IN MIRACLES 初版の出版が1995年だったため、このように表現されている。

以上のような観点でこの質問に答えることの利点は、イエスを人格化すること、つまり彼を、私たちと同じように思考し、計画し、行動する存在にしてしまうことを、回避できるという点にあります。彼をそのように人格化するなら、私たちは再び、彼を自我の夢の中に捕縛し、私たちが彼のようになるかわりに、彼を私たちの一人とならした、という信念を助長するのみとなります。何よりもまず、常に覚えておくべき非常に重要なことは、神は分離の想念に対し真に反応はしなかった、ということです。すでに見てきた通り、『奇跡講座』の比喩的な言語がそのように描写することはしばしばありますが、それでも、神は反応していません。第一、もし神が「小さな狂った考え」のことを知っていたとしたら、、それは実在するものとなっていたことでしょう。ですから、聖霊やイエスも、夢の内側における神の使者として、そしてまた分離の夢は一度も起こらなかったと明言する贖罪の計画の声として、誤りに対するこの無反応の態度を共有していなければならないはずです。罪・罪悪感・恐れの想念で暗くなった私たちの心の中に、光に満ちた彼らが現存しているということ自体が、私たちを助けるのです。彼らは何も行ないません。私たちの自我だけが、何かを行なったり、何かに反応したりするのです。私たちが、この分離の想念を、私たちの個人的な人生を含む、特別性の具体的な形において経験している間は、私たちはこの助けも具体的な形で経験しなくてはなりません。しかし、これらの形態は私たちの自我の脚本により決まるのであり、神による何らかの具体的な介入により決まるものではありません。

質問52.『奇跡講座』のイエスは、聖書の中に書かれているあのイエスと同じイエスで、二千年前にパレスティナの地を歩いていたあの人物と同一の人物なのでしょうか?

はい、二千年前にこの世界に現われ、同一の真理のメッセージを ― ただし形態ではなく内容において同一の真理のメッセージを ― 携えてきたイエスと、間違いなく同じイエスです。けれども、『奇跡講座』のイエスが聖書の中に描かれているイエスと同一人物であると信じるのはかなり難しいことですし、それは、聖書の中のイエスが、歴史的に真に存在したイエスに似ているということを受け入れ難いのと同様です。けれども、ここは、聖書研究の問題やどのようにして福音書が書かれたかといった問題を掘り下げるにふさわしい場所ではありません。ですから、ここにおける私たちの目的のために、四つの福音書の中に見られる人物像も、新約聖書のその他の本の中に記録されている教えも、私たちが『奇跡講座』の中に見出す人物像や教えとは、往々にして正反対だと述べることで充分としましょう。丸い釘を四角い穴にはめ込もうとするような無理なことを試みるよりも、『奇跡講座』を学ぶ者たちにとっては、次のように受けとめることのほうがずっと安全かつ知的にも正直なことだと思います。すなわち、聖書のイエスは福音書や使徒書簡の様々な著者たちによる集合的な投影を表象しており、『奇跡講座』におけるイエスの声や人柄は、二千年前にこの世界に生きて教えを説いていた自我なき存在を表象している、と受けとめることです。結論を言えば、聖書のイエスと『奇跡講座』のイエスとは互いに相いれない人物像であり、両者をつなぐものは共通の名前だけだということです。

こうした違いについてさらに詳細な考察を希望される読者は、A COURSE IN MIRACLES and Christianity: A Dialogue（奇跡講座とキリスト教 ― 対話）（未訳）を参照してください。

質問53. イエスと聖霊の間に違いはあるのでしょうか？　また、どちらに助けを求めるかということに重要性はあるのでしょうか？

イエスと聖霊の違いは、理論上の違いであり、実際的な違いではありません。『奇跡講座』の理論によれば、聖霊は、神の子の心の中の分離の想念への応答として神により創造されました。真実にはもちろん、すでに何度も触れたように、『奇跡講座』の中のそうした記述は比喩に過ぎません。一度も起こらなかった何かに対して、どのようにして神が答えを与えることができるというのでしょう。いずれにしても、より正しくは、聖霊とは、神の子が自分の夢の中に携えてきた「神の愛とキリストとしての自らの真のアイデンティティーについての記憶」であると理解することができます。したがって、聖霊とは、神の子の心の中に存在する一つの原理または想念であり、彼が自分自身や創造主について信じていることが偽りであることを思い出させるものです。この訂正が、『奇跡講座』において、贖罪の原理として知られているものです。

他方で、イエスは〈一なる子〉の一部であり、神の子がもつ自分自身についての信念と同じくらい有形にして具体的なものです。イエスは、あの小さな狂った考えを「笑うことを思い出した」神の子の一なる心の一部です。それゆえに、贖罪の原理の一つの顕現となり、より抽象的な聖霊という存在の一つの顕現となっているのです。それが、「用語の解説」の中の先ほど引用した、「聖霊はイエスをその〔聖霊の〕計画を実行する先導者と定めた」〔C-6.2:2〕という言葉が意味していることであり、イエスについて直接言及している「テキスト」中の以下の一節が意味していることでもあります。

贖罪の原理は、贖罪が始まるずっと以前から有効であった。その原理とは愛〔聖霊〕であり、贖罪とは愛の行為〔イエス〕であった。〔T-2.II.4:2-3　〔〕内は著者による〕

けれども、実践のレベルでは、何の違いもありません。イエスも聖霊も私たちの内なる教師たちとしてはたらき、私たちはどうすれば赦せるかを学ぶための助けを求めて、彼らのもとに行きます。もし、その人にとってイエスはすぐに受け入れられないという場合は、聖霊がより抽象的な教師となってくれます。一方で、イエスは、人々がもっと具体的、個人的に関わり合うための形態です。けれども、彼らの機能は同じですから、どちらでも構わないのです。とはいえ、もし、イエスの講座を学ぶ者たちにとって、イエスが本当に抵抗を感じさせられる人物だということなら、彼らにとっては、イエスに対する自分の赦せない気持を点検することが、まさに『奇跡講座』の原理に従うことになるはずです。そうすれば、彼らは更にその奥にある根っこの部分を探し出し、それらを取り消すことができるようになるでしょう。これは、自分の心の中に存在している、あらゆる赦せない気持に対処する場合と同じです。

質問54. なぜイエスは『奇跡講座』の中で、私が彼を赦す必要があると何度も繰り返しているのですか? いったい何について赦すというのでしょうか?

『奇跡講座』受講生の多くにとって、これは厄介な問題です。彼らは、「なぜ私がイエスを赦さなくてはならないのですか。私は彼に対し怒ってはいないのに」と尋ねます。私(グロリア)は、何年も昔、『奇跡講座』について話し合うグループを主催していた頃のことを思い出します。このテーマは、毎週みんなが集まる私の家の食堂において、今にも第三次世界大戦が勃発するかと思えるほどの論戦を引き起こしていました。それはおよそニュートラルな話題ではありませんでしたし、イエスを赦すというのは、実際のところ、自我の思考体系を取り消すことに関する『奇跡講座』の教義の核心に直結するような重要な問題です。ここではまず、イエスが『奇跡講座』の中でこのことについて論じているいくつかの代表的な箇所を見ていくことにしましょう。その最初の二つは、「テキスト」十九章の「平安への障害」というセクションに出てきます。

私は恩寵の状態において歓迎されるものとなるが、それはあなたがついに私を赦したことを意味する。なぜなら、私はあなたの罪の象徴となったために、あなたの代わりに死なねばならなかったからである。・・・

私を、あなたにとって罪悪の終わりを象徴するものにしてほしい。そして、私を見るように、あなたの兄弟を見なさい。**神の子**が犯したとあなたが思っている罪について、私を赦してほしい。そして、あなたの赦しの光の中で、彼は自分が誰であるかを思い出し、一度も存在したことがないものを忘れるだろう。私はあなたの赦しを請う。なぜなら、もしあなたが有罪であるなら、私もそうに違いないからである。しかし、私が罪悪を克服して、世に勝ったのなら、あなたは私と共に居たのである。あなたにとって私が意味しているものを、あなたは自分自身の中に見るということを思い出すとき、あなたは私の中に罪悪の象徴を見ようとするだろうか。それとも、罪悪の終わりを見ようとするだろうか。〔T-19.IV-A.17:1-2; T-19.IV-B.6〕

そのあと、次の章の冒頭にある、復活祭の前の週に筆記された「聖週間」というセクションにおいて、再びイエスはこの重要な点を取り上げています。

あなたは片手に茨《いばら》を、片手に百合の花を持ち、どちらを与えればいいのか確信できず、兄弟の傍らに立っている。今、私とつながり、茨を捨てて、代わりに百合の花を差し出しなさい。この復活祭に私が望んでいるのは、あなたから私へと差し出され、私からあなたへと贈り返す赦しの贈り物である。私たちは十字架刑と死の中でひとつになることはできない。また、あなたの赦しが私の赦しと共に**キリスト**のもとにとどまらないうちは、復活は完了しない。・・・。私は異邦人であったが、あなたは私が誰かも知らずに家の中に入れてくれた。だがあなたの百合の花の贈り物のゆえに、あなたは知るだろう。あなたにとって見知らぬ者であり古き友でもあるこの異邦人をあなたが赦すことの中に、彼の解放と、あなたの救いがある。〔T-20.I.2:6-10;4:3-5〕

イエスは二つのレベルにおいて赦されなくてはなりません。その一つ目は、この世界が彼について作り上げた「苦々しいいくつもの偶像」に関連するものであり、そうした偶像は明らかにこの世界による投影を反映しており、彼自身とはまったく関係のないものです。これらの偶像は、〈特別な憎悪〉と〈特別な愛〉の両方の形態で提供されてきました。彼は、弟子たちに苦しみや犠牲を要求するような裁きと処罰の人物とされるか、さもなければ、良い行ないや忠実な弟子には彼の愛と恩恵で報い、嘆願すれば問題を解決してくれる魔術的な救済者とされてきました。繰り返しますが、そうしたイメージはそのイメージを作り出した人々の「特別性の必要」を反映しています。それらは、明らかにそのような自我の関心事を超越した真のイエスには、まったく関係のないものです。ですから、ここでは、イエスは、彼が一度も行なわなかったことについて、さらに厳密に言えば、彼が一度もそのようであったことのないものについて、赦されなくてはならない、ということが理解されます。

これまでのいくつかの質問に対する回答の中でも示唆した通り、イエスは、自我にとっては思いつく限りにおいて最も脅威的な人物です。というのも、もし彼が実在するなら、自我の思考体系は実在できないからです。ですから、誰の心の中にもある、依然として特別性や個性にしがみついている部分は、必然的に恐れを感じ、自らを保護するためにイエスを攻撃します。特別性や個性は、自我の思考体系に顕著な特徴です。そして、この攻撃は、罪深くも神の子は神の愛から自分を分離させた、という原初の自我の考えを反映しています。イエスという、西洋社会においては神の愛の最大の化身に対するそうした攻撃についての罪悪感は、否認へとつながらざるを得ません。罪悪感（または自己嫌悪）というのは、圧倒されるような経験ですから、ほぼ必然的に私たちの心の奥に押し込められます。これは、ダチョウのたとえ話のように、問題を見なければ、問題はそこに存在しない、という魔術的な信念を反映しています。自分の罪悪感からくる苦痛を避けるという自我の精神力動は、私たちの罪への信念や罪悪感をイエスの上に投影することにおいて頂点に達します。

これが、「テキスト」から引用した前記の一節が意味していることです。自分の罪悪感―自我によれば、自分の罪に対する正当なる罰としての死へと、必ず至らせるもの―についての責任を受け入れるのではなく、その罪悪感をイエスの上に投影し、それが彼を死に至らせることにより、私たちは再び、魔術的に自分が窮地を免れられるだろうと期待します。自我は、自分の存在が取り消される前に、殺そうとするからです。こうして、キリスト教神学が培ってきた身代わりによる救済への二千年にわたる信念が、「イエスが私たちのためにそれをしてくれた」と宣言します。この狂った精神力動は、自我が糧とする「罪悪感と攻撃のサイクルからなる精神力動」を反映しています。つまり、私たちがより大きな罪悪感を感じれば感じるほど、「自衛」のために他者を攻撃する必要が高まり、それがまた、私たちの心の中に抑圧されたままに存続する罪悪感を強めるということです。そしてそれから、このサイクルはまた最初から始まるのです。だからこそ、キリスト教徒たちは常に惨殺された救済者を崇拝してきたのであり、とりわけカトリック教徒たちは、毎日のミサにおいてイエスの死を記念してそれを再現させているのです。私たちの罪悪感は、絶えず彼を殺してしまうよう私たちを駆り立てます。ですから、イエスの中で私たちが赦すものは、私たち自身の中で赦されないままとなっている何かが投影されたものにすぎません。

ここに見出されることとは、私たちがイエスの上に投影したものについてイエスを赦すという最初のレベルは、本当は、私たちにとっての真の赦しの必要を反映するその奥のレベルに対する防衛だということです。それは、イエスは彼が真に誰であるかということについて赦されなくてはならないという必要です。繰り返しますが、もし実相のイエスが神の愛の完璧な化身として、つまり聖霊の贖罪の原理の純粋な表現として、本当に私たちの心の内側に現存しているのであれば、分離した物理的、心理的存在としての私たちのアイデンティティーのすべてが取り消されます。私たちは、本当はこのことのゆえにイエスを咎めているのです。彼は、私たち自身の存在についての夢の内側で、私たちは間違っていて彼は正しいと証明する生きた証拠なのです。イエスは紛れもなく明白に夢の外側からきた存在であり、彼の現存が私たちの眠れる心に対しその夢自体が実在しないことを証明するのです。このことを受け入れることはすなわち、私たちは本当はここに存在しておらず、神が創造した自己と入れ替えるために個別の自己を作り出したという夢を見ているだけだ、ということを受け入れることです。ですから、このでっち上げられた自己を温存するためには、私たちは真理を攻撃し破壊しなくてはなりません。この考えについてはすでにある程度まで詳細に検討しましたが、ここでもう一度、ヘレンの後期の詩集の中から、それがよく表現されている箇所を引用することにしましょう。「旅の異邦人」からの一節で、イエスが存在するという真理に直面することへのこうした恐れが、ありありと描写されています。実質的に、私たちの心の中のイエスの現存は、私たち自身の恐れと死の思考体系の「真実性」を否定します。私たちは奇妙な狂気の中で、その思考体系は自分にとっては慰めとなっていると信じ、それゆえ彼からそれを保護する必要があると信じているのです。

道は遠い。私は目を伏せていよう。
恐れが私の胸《こころ》をつかんでしまったから。そして私は恐れを知っている——
それは湧き上がりそうになる希望から私を守ってくれる楯、
あなたを私にとって異邦人とし続けてくれる友。
なぜあなたは私と一緒にこの道を歩くのだろう。
私の知らない人、ほとんど恐ろしくも思える人。

死だけが現実であるときに、あなたは
不死の夢の中の誰かに似ているのだから。

いま私の邪魔をしないでほしい。私は
死で満足している。今は悲嘆の方が希望よりもやさしい。
希望があった間、私は苦しんだ。いま私は
確信を抱いて進む、死は確かに訪れたのだから。

この結末の邪魔をしないでほしい。為されたことは
永遠に為されたこと。希望も涙も結末を
変えることはできない。死者を蘇らせないでほしい。
異邦人よ、ここにきて共に「アーメン」と唱えよう。

〔The Gifts of God（神の贈り物）より〕

ですから、できる限りの正直さをもって、私たちは自分がいかにイエスを恐れ憎んでいるかを直視する必要があります。そうした感情は、ほとんど常に私たちの無意識の心の奥に、何層もの防衛に覆われて、埋没させられています。彼が真に誰であるかについて彼を赦すことを通して、私たちは同時に、自分が本来の自分ではない振りをしようとしていること、そしてそのことについて彼を非難しようとしていることについて、自分自身を赦すことを学びます。『奇跡講座』の中でイエスという存在がこのようにはっきりと明確にされていなければ、多くの受講生たちが、自分の中に埋もれている何層もの赦せない気持や罪悪感と対峙《たいじ》する機会を持ち得なかったことでしょう。

第五章 『奇跡講座』のカリキュラム

質問55. 誰が、『奇跡講座』という題名をつけたのですか? それはなぜなのですか?

この書名はイエスから与えられました。ヘレンへの口述筆記は「これは奇跡についての講座《コース》である」という言葉から始まり、その口述の全過程を通して、イエスは、筆記された原稿をそのように呼んでいました〔訳注4〕。この書名を初めて目にしたときの驚きが私たちを引きつけるという理由で、この書名が用いられたという可能性もありますが、本当の理由は、この講座《コース》が、奇跡とは何かについて、また、どのようにしてそれを自分の生活に適用するかについて、人々が学んで理解できるよう助けることに焦点を置いているからです。イエスが彼のカリキュラムにおいて焦点としているのは訂正することであり、それも特に、私たちには心があり、この心はこの上なく強力なものだということを、いかにして聖霊が私たちに思い出させるかという点です。分離という問題を作り出したのは心であり、それゆえに心だけが、聖霊とつながって、訂正を受け入れることができるのです。

〔訳注４〕FIP/FACIM が認定する邦訳においては、書名が「奇跡についての講座《コース》」では長過ぎるため、短縮されて『奇跡講座』となっている。

「テキスト」の初めの方で、実際に、イエスはヘレンに対し（そしていずれこのコースを学ぶ人々全員に対し）このコースの目的は「あなた自身の思考の力」〔T-2.VII.1:5〕を認識させることだと述べて、この点を強調しています。そして、この目的を具体的に達成するのが「奇跡」です。それは、『奇跡講座』を学ぶ人々に、（物理的な宇宙全体は言うまでもなく）彼らのもつ諸問題を作り上げたのは、彼らの心であり、それゆえに、これを変化させられるのは彼らの心だけだということを思い出させることにより、その目的を達成します。ですから奇跡は私たちに、自分こそが夢を見ている主体であること、そしてまた、私たちはイエスまたは聖霊とつながることにより夢がもたらしてきた苦痛の状態からの変化を受容できる、ということを思い出させるのです。イエスは「テキスト」の後の方で次のように述べています。

奇跡はあなたを目覚めさせるのではなく、夢を見ている者とは誰なのかをあなたに教えるだけである。あなたがまだ眠っている間でも、何を目的として夢を見るかにより夢を選択できるということを、奇跡は教えてくれる。・・

奇跡は、あなたが夢を見ているということ、そして、その内容は真実ではないということを確立する。・・・

奇跡は、恐れの原因を、恐れを作り出したあなたのもとに返還する。・・・・

〔T-28.II.4:2-3; 7:1; 11:1〕

質問56.『奇跡講座』は、その他の霊性の道、特に聖書とどのような関係にあるのですか？

これは非常に重要な質問です。なぜなら、この答えが正しく理解されていない場合は、『奇跡講座』が実際に教えていることや、どのように実践されることを意図されているかについて、必然的に大きく歪曲されてしまうことになるからです。私たちは、霊性の道を歩む大勢の人々――たいていは「ニューエイジ」という言葉で総称されている人々――が、多様性よりも一体性を重視するという時代に生きています。そうしたことは確かに立派な霊性のゴールではありますが、そのようなゴールは、私たちの分離した世界の「事実」を否定することにもなってしまいます。その「事実」とは、私たちはみなそれぞれに異なっていて、それゆえに、異なった霊性の道が必要だということです。このことが受け入れられてはじめて、異なった道は異なっている、ということが明確になります。これは一つのレベルにおいては非常に明らかなことですが、しばしば、「見せかけの一体性を目指すために差異というものを曖昧にする必要」によって、覆い隠されています。こうしたことは、一つひとつの霊性の道に対して、正しい扱い方をしていないということになります。イエスがヘレン個人に対して、また『奇跡講座』自体の中で、常に明確に述べていたのは、彼の講座は他の道とはいかに違っているかということです。これは、必ずしも彼の講座の方が優れているということではなく、それがユニークなものだということを意味しています。

に述べています。「教師のためのマニュアル」の冒頭近くで、『奇跡講座』についてイエスは次のよう

本書は一つの特別なカリキュラムのためのマニュアルであり、普遍なるコースの特別な形態の一つを教える教師を対象としている。他にも幾千もの形態があり、それらすべてが同じ結果をもたらす。〔M-1.4:1-2〕

また、私たちはすでにイエスからヘレンへの特別なメッセージ ―「私は何をする必要もない」〔T-18.VII〕― について検討しましたが、その中でイエスは、瞑想や黙想を重視するその他の霊性と、このコースとを対照させています。

したがって、一方では、『奇跡講座』は、神のもとに帰っていくという同一のゴールを、その他の霊性の道と共有しているという関係にあります。けれども、このコースは、神学と実践法が他とは異なっているがゆえに、異なったものとなっています。イエスはこの関係について、以下のように簡潔に要約しています。

普遍的な神学は不可能だが、普遍的な体験は可能であるばかりか、必要である。〔C-in.2:5〕

すでに見てきた通り、『奇跡講座』は一元論の霊性の道であり、その他のほとんどの霊性の道は、二元論に基づいています。このコースをその他の霊性の思考体系と混同し、「『奇跡講座』は、ちょうど・・・（自分の好きな霊性の名称をここに入れる）とそっくりです」と言ったりすることは、つまるところ、自我が『奇跡講座』を変容させて、その教えの脅威を軽減させようとする巧妙な策略にほかなりません。私たちは、もちろん、西洋社会の歴史の中にこの自我のたくらみの顕著な事例を見てきました。キリスト教世界は、イエスとその教えをユダヤ教や旧約聖書の延長としてしまい、イエスや彼のメッセージを、それ以前に存在していた一切から独立した急進的な贈り物として、ありのままに受け入れることはしませんでした。『奇跡講座』を学ぶ私たちは、この過去の間違いから学び、このコースのスケールを自分の理解できるレベルにまで引き降ろそうとするのではなく、このコースに合わせて自らを成長させていくべきなのです。

この間違いのもう一つの形態は、アルダス・ハックスレーの言う「永遠の哲学」（世界の主要な神秘主義的伝統のすべてを包括的にとらえるために使用された汎用的なフレーズ）に、『奇跡講座』を含めてしまうという、よく見られるやり方です。こうしたこともまたこのコースを、はなはだしく不当に扱うことになってしまいます。なぜなら、それは世界の諸々の霊性の道に対する『奇跡講座』からの顕著な貢献を、不明瞭なものにしてしまうからです。その貢献とはすなわち、この物理的宇宙が幻想であるのみならず、神はそれを創造しなかったし、それは、神に対する「攻撃として作り出された」〔W-pII.3.2:1〕という概念です。純粋なる一元論の形而上学と統合された深遠にして洗練されたこの心理学的原理こそが、『奇跡講座』を、この世界の様々な霊性の思考体系や宗教的な思考体系の中で、独特なものにしています。

『奇跡講座』と聖書を具体的に比較すると、主に四つの領域において違いがあり、それがこの二つの霊性の道を全面的に相いれないものにしていることがわかります。以下は、こうした違いについて詳細に検討されているA COURSE IN MIRACLES and Christianity: A Dialogue（「奇跡講座とキリスト教 ― 対話」ケネス・ワプニックとイエズス会の哲学者ノリス・クラーク神父による共著）の序文からの引用です。

（１）『奇跡講座』は、すべての物質や形態や肉体を含む物理的な宇宙を、神は創造しなかったと教えている。聖書は神がそれらを創造したと述べている。

（２）『奇跡講座』の神は、分離の罪に対し反応しないことはもちろん、そのようなものについて知ってさえもいない（それについて知るということはそれを実在にするということだからである）。聖書の神は罪を直に知覚する。それはエデンの園の物語その他に描かれている通りであり、その罪に対する神の反応は、かなり控えめに言っても激しく劇的なものであり、ときに懲罰的である。

（３）『奇跡講座』のイエスは、神のひとり子キリストの一部として、他のすべての者たちと対等である。聖書のイエスは、神がもうけたただひとりの子、すなわち三位一体の第二位格であるから、特別にして別個の存在であり、存在論的に他の誰からも異なっていると見られている。

（４）『奇跡講座』のイエスは、罪を贖うための犠牲的行為として受難して十字架の上で死ぬために、神から送り出されてはいない。そうではなく、罪は神の愛に対し何の影響も与えていないので、実相においては彼に対し何も起こらなかったと実証することにより、罪は存在しないことを教える。聖書のイエスは、人類に身代わりの救済をもたらすという行為において、この世界の罪のために苦悩し受難し、死んでいく。それにより罪や死を実在のものとして確立するのみならず、神がアダムの罪に影響されたこと、それゆえに神自身の愛するわが子を犠牲にすることによりこの世界に実際に存在している罪に対し応答しなくてはならなかったことを、はっきりと示す。

（A COURSE IN MIRACLES and Christianity: A Dialogue　pp2-3 より）

以上、私たちは聖書に焦点を当てて答えてきましたが、他のどの霊性の道に関しても基本的に同じことが言えます。他の霊性の道について読むことや、それらに関心を抱きもっと学んでみたいと思うこと、あるいは諸々の宗教的な儀式や霊性の道の集い等に参加することなどは、もちろん、何ら悪いことではありません。けれども、もう一度、重要な点を繰り返すなら、『奇跡講座』を学ぶ私たちは、少なくとも、究極には混ざり合うことのない複数の神学や霊性のアプローチを一つに混ぜ合わせようとする試みに対しては、用心していなくてはなりません。いくつかの霊性の道は、そうした「混ぜ合わせ」に対応できますが『奇跡講座』はそうではありません。

質問57.「贖罪の環」という概念は、「百匹目の猿」という概念と関連がありますか？「神の教師たち」は『奇跡講座』を布教したり、他の人々を改宗させたりすべきですか？

最初の質問に対する答えは「否」です。この二つの概念は全面的に異なった思考体系を表しています。「１００匹目の猿」という概念は、不確かな研究に基づいたもので、それは、一つの種《しゅ》における一つの臨界量的地点というものがあり、それが達せられたなら、ちょうど天秤において一定の重量が達せられたときのように、そちらの側に天秤を傾かせ、それによってその種《しゅ》の残りのメンバーも他のメンバーがすでに学んでいたことを獲得できるようになる、というものです。『奇跡講座』の「贖罪の環」という考えは量的な概念ではないので、受講生の数が増えていってその「臨界質量」に達したなら世界を救うことになるといった考え方とは何の関係もありません。たとえば、「教師のためのマニュアル」には、この世界を救うにはただひとりの教師が必要だといった記述が見られます。それはなぜかと言えば、ただひとりの教師しか、すなわち私たちの一なる自己しかいないからです。贖罪が或る個人により受け入れられた時には、その人はただひとりの神の子が存在しているということや、それゆえに分離や、差異や、多様性の夢は、単に実在していなかったということを思い出します。全世界を救うには、一定の数の人々が『奇跡講座』を学ぶことが必要だと信じることは、救済されるべき種《しゅ》または世界の実在性を確立するだけでなく、数という概念をも実在のものにしてしまいます。

臨界量的なものではないという『奇跡講座』のこの側面が理解されなければ、イエスの講座を学ぶ者たちは、この世界が救われるようにできるだけ多くの仲間を獲得するために、改宗させたり、その他の方法で「真のイエスによる新しい福音書」を教えたりしなくてはならないと信じることになります。実際にすでに起こっていることですが、彼らは団結し、自分たちのことを一つの運動、ネットワーク、宗教、教会などといった特別な範疇に属するものであると考えることになります。こういう人々は、『奇跡講座』の本が一冊、バチカンや、ホワイトハウスや、その他この世界の何らかの権力の象徴のもとに届けられる、といった考えに大喜びします。そして、他の霊性の道を批判し、裁き、攻撃することへと気持を引かれます。というのも、彼らが、世界の救済のためにバランスを変化させるのに必要な臨界量の人々を獲得しようとすれば、他の道は必然的に彼らの競争相手と見なされることになるからです。

こうしたことのすべては、『奇跡講座』が実際に教えていることのみに焦点を合わせるなら、容易に回避できます。自分自身の赦しのレッスンや、最終的には贖罪を自分自身に受け入れるということだけに、自分の注意力を向けるということです。他には「救済される」べき人はいません。そして、このことをこのように受け入れることが、私たちのただ一つの責務です。

質問58．『奇跡講座』は、「ワークブック」が示唆しているように、一年で完了するものなのでしょうか？

この質問は、「受講生のためのワークグック」の一年間の訓練プログラムだけが『奇跡講座』のゴールとする心の訓練（あるいは、心の再訓練）の全体をなしているということを前提としていますが、実際にはそうではありません。「ワークブック」は三部からなるカリキュラムの一つの側面にすぎません。その三つとは、『奇跡講座』の理論と神学を内包する「テキスト」、私たちが『奇跡講座』の心の訓練プログラムを始めるのを助けるための、一年間の継続的レッスンからなる「受講生のためのワークブック」、そして、『奇跡講座』の教義の多くを要約していると同時に、「神の教師」という言葉でイエスが何を意味しているかを定義する助けとなる「教師のためのマニュアル」です。

『奇跡講座』を真剣に学ぼうとする者なら誰でも、どのようにしたところでこのカリキュラム全体を一年間で完了させることなどできないと、認識します。それは生涯かけて取り組むものであり、繰り返しますが、一年間の具体的な訓練プログラムである「ワークブック」は、私たちが確実に正しいやり方で進んでいくようにするための手段です。一旦、自分の正しい心に触れ、『奇跡講座』が提示している赦しのプロセスを理解するなら、私たちは、イエスまたは聖霊を自らの教師として日々の実践に取り組みながら、残りの人生を過ごすことが出きるようになります。「受講生のためのワークブック」がその末尾に述べている通りです。

このコースは始まりであって、終わりではない。あなたの**友**はあなたとともに行く。
〔W-ep.I:1-2〕

質問59．「ワークブック」を練習するのに、間違ったやり方や正しいやり方といったものはあるのでしょうか？

「ワークブック」を行なうにあたり、イエスが差し出しているルールは次の一つだけです。「一日に一レッスン以上を行なおうとしてはならない。」〔W-in.2:6〕　加えて、たとえ私たちが何らかのレッスンをよく理解できなくても、あるいはまた、そこで言われていることが信じられないがために、特定の演習を実行するのが難しく感じられたりしても、練習を続けるようにと、イエスは勧めています。そして、私たちを励ますように、次のように述べています。

この「ワークブック」が提示する概念の中には、信じがたいものや、驚愕させられるようなものがあるかもしれない。そうしたことは問題ではない。あなたはただ、指示される通りに、その概念を適用するだけでよい。それらの是非を判断することはまったく求められていない。ただそれらを使うよう求められている。使うことにより、それらがあなたにとって意味あるものとなり、真実であることが示されるだろう。

ただ次のことだけを覚えていなさい。あなたはこれらの概念を信じる必要もなければ、受け入れる必要もなく、歓迎する必要さえもない。あなたが断固として抵抗するような概念もあるかもしれない。こうしたことは一切、何の問題にもならないし、その効力を減じることもない。しかし、「ワークブック」に含まれている概念を適用する際に、例外を設けてかまわないと思ってはならない。そうした概念にあなたがどう反応しようとも、とにかくそれらを使用することである。それ以上のことは何も要求されていない。

〔W-in.8-9〕

このメッセージにおいて明らかに私たちに奨励されていることは、イエスから与えられているままに、一度にレッスンを一つずつ、最初から順に行なうということです。けれども、一つのレッスンに一日以上かけてはいけないというルールはありません。与えられたレッスンが、その人の人生に関わる数多くのものの見方や問題を提起するということはよくあります。それゆえに私たちは、そうしたレッスンがもつ個人的な含蓄について、思いを巡らせたり熟考したりしている自分に気づくことになります。「ワークブック」は、受講生たちにとって非常に私的な経験ですから、それを練習するのに、真に「正しい」方法や「間違った」方法といったものはあり得ないのです。この質問への正しい回答は、いつもと同じく、「正しい」方法とは聖霊と共にワークブックを練習することであり、「間違った」方法とは自我と共に練習することである、というものです。ということは、私たちは、常に、自分の責任で、特別性という形で自我が巧妙に侵入してくることに対し警戒を怠らないようにし、できるかぎり自我を交えないやり方で『奇跡講座』と共に歩む旅を続ける、ということです。

質問60. ワークブックは一度だけでなく何度も行なうことが必要でしょうか?

いいえ、そのようなことはありません。「受講生のためのワークブック」は一年間の訓練プログラムとして用意されており、私たちがそこから逸脱する理由はありません。すでに述べた通り、私たちが学びのプロセスを一年間で完了させることをイエスが期待していないということは、「ワークブック」自体からも明白です。『奇跡講座』は生涯に渡る学びです。「ワークブック」の一年間のプログラム―練習の仕方は、人それぞれに異なりますが、『奇跡講座』を学び始めたなら、おそらく、比較的早い時期に取り組むべきもの―は、私たちを正しい教師と共に正しい道に立たせるためのものにすぎません。そのあと、私たちは聖霊の手に委ねられ、聖霊を赦しの教師としながら残りの人生を過すのです。

そして今、私はあなたを**聖霊**の手に委ねる。そうしてあなたは**聖霊**に忠実に従う者となり、**聖霊**を導き手として、実在するかに思えるすべての困難や苦痛を通り抜けていく者となる。・・・**聖霊**によって、あなたの準備をさらに整えてもらおう。**聖霊**はあなたの**父**や兄弟や一なる**自己**のことを毎日あなたに語ることにより、あなたの信頼を獲得した。**聖霊**はこれからもそれを続けるだろう。今やあなたは**聖霊**とともに歩んでいる。自分の行き先や進み方について**聖霊**と同じように確信を抱き、自分の目指すゴールについても、自分が最後には必ずそこに無事に到着することにも、**聖霊**と同じように自信をもっている。〔W-ep.4:1,3-6〕

「ワークブック」を繰り返したいという気持（あるいは、正しく行なわなくてはならないというほぼ強迫観念的な必要から、特定のいくつかのレッスンを繰り返し行ないたいという気持）は、非常に多くの場合、自分の意欲や練習がいかに不完全だったかを認識したがために、それを完璧に行ないたくなる、といった欲求からきています。こうしたことは、自我の罪悪感の声ではなく聖霊の赦しの声を聞く訓練をするという「ワークブック」の目的そのものを挫折させます。実際のところ、「ワークブック」の目的については、演習を不完全に行なうことであると述べることすらできます。そのような不完全なやり方を通して、神に背を向け、神を自分の生活における最重要事項にしなかったという間違い ― 自我により罪のラベルを貼られるもの ― が赦されて、それが深刻に受け取られないようになるからです。レッスン九五におけるイエスの指示は、この重要な赦しのゴールについて強調しています。これらの指示は、私たちがレッスンを完璧に行なってはいないこと、そして、その日の途中で、レッスンを忘れるという選択をしていることを背景として、与えられています。

しかしこのスケジュールを守れなかったときでも、それを口実にして、なるたけ早く練習に戻ることをやめてしまってはいけない。おそらく、もはや要求されたことに応えられなかったという理由で、その日の練習は失敗したと見なしたい誘惑にかられるだろう。だがこれも、ただその正体を認識することが必要なだけである。すなわち、それは自分の誤りが正されることに対する拒否反応であり、再び練習に取り組みたくはないという気持ちである。

あなたの間違いによって、聖霊の指導に遅延が生じることはない。聖霊を妨げるのは、誤りを放棄したくないというあなたの気持ちだけである。したがって、特にこの一～二週間は、私たちの勤勉さが減退したり、毎日の主題概念の練習のための指示に従うことに失敗したりしても、そういう自分を喜んで赦そうと決めておきなさい。このように弱さに寛容になることによって、私たちはそれを看過できるようになり、私たちの学びを遅らせる力を弱さに与えずにすむ。もし私たちが弱さにそうした力を与えるなら、私たちはそれを強さと見なし、強さと弱さを混同していることになる。

> あなたがこのコースの履修課題をうまくこなすことができないとき、あなたは単に間違いを犯しただけである。これには訂正が必要であり、必要なのはそれだけである。間違いが存続するままにしておくことは、最初の間違いに基づいてそれを補強し、さらなる間違いを犯すことである。こうしたプロセスを、私たちは放棄しなければならない。それは、あなたが真理に対抗して幻想を防衛しようとするもう一つのやり方にほかならないからである。〔W-pI.95.7:3-9:4　傍点は著者による〕

これはもちろん、私たちが「ワークブック」を二度・三度と行なってはいけないという意味ではありません。ただ、前問の回答の中でも述べたように、罪や罪悪感を補強した上で、そうした罪を償うために、「完璧」になろうとするという、自分の自我の必要に対し、警戒していなくてはならないという意味です。換言すれば、私たちは「ワークブック」との関係も一つの教室として扱うべきだということです。それは、助けと訂正を求めて、自分の誤った知覚をイエスのもとに運ぶことを学ぶ教室です。この意味においては、「ワークブック」を行なう「正しいやり方」があるかどうかという前問への回答の末尾に、追記することもできます。「正しいやり方」はあるのです。そして、「正しいやり方」とは、ワークブックを「間違ったやり方」で行ない、そのあと、自分自身を赦せるようイエスに助けてもらうことです。このようして、毎日のレッスンを「忘れる」ことによって神について「忘れている」という状況において、あなたは、原初の分離の瞬間に神に背を向けたことについての赦しを受け入れるプロセスを、始めていることになるのです。

質問61. なぜ「テキスト」と「ワークブック」の焦点は異なっているのですか? なぜ、これらは時おり違ったことを言っているように見えるのですか?

イエスは『奇跡講座』のことを「多面的なカリキュラム」と呼んでいます。ですから、彼の教えが複数の異なった形において提示されることが必要なのです。最初に口述された「テキスト」は、神学、形而上学的土台、および、私たちの〈特別な関係〉に赦しを受け入れることに関する教説を含んでおり、これらの上にカリキュラムが立脚しています。たとえば、〈特別な関係〉と〈神聖な関係〉の教説についての詳細な説明は「テキスト」の中だけに見出されます。そして、その大半が十五章から二十四章までの主要な部分をなしています。「ワークブック」や「マニュアル」には、この非常に重要な主題が明確に論じられている箇所はありません。「ワークブック」においては、イエスが序文で説明しているように、第一部が、「今のあなたの見方からの脱却」に取り組む一方で、第二部は、「真の知覚の習得」に取り組みます。『奇跡講座』の理論については何も触れられていません。実際のところ、「テキスト」と「ワークブック」の一定の関係については、「ワークブック」序文の中にははっきりと示されています。

「テキスト」が提示しているような理論的基盤は、この「ワークブック」の演習に意義をもたせる枠組みとして必要なものである。しかしこのコースの目標の達成は、演習を行《おこな》うことで可能となる。訓練されていない心には、何も達成できない。「テキスト」が教えている通りの考え方ができるように心を訓練することが、この「ワークブック」の目的である。〔W-in.1〕

こうした異なった目的や焦点のゆえに、時おりこの二編が違ったことを言っているように見え、時には互いに矛盾しているとさえ見えることがあるのです。おそらく、この興味深い現象の最も顕著な事例は、聖霊の役割に関するものです。「ワークブック」中の多くの文言は、私たちに、非常に具体的な助けを聖霊に求めるようにと勧めており、それは以下の最終レッスンの中にも見られます。

聖霊よ、この聖なる瞬間をあなた〔**聖霊**〕に捧げます。
あなたが主導してください。**あなた**の指示は私に平安をもたらすと確信しつつ、
私は**あなた**の後についていきます。

そしてもし私が、自分を助けてくれる言葉を必要とするなら、**聖霊**がそれを与えてくれるだろう。もし何らかの考えが必要なら、それも**聖霊**が与えてくれるだろう。静けさや、穏やかで開かれた心が必要なら、私はそれを**聖霊**からの贈り物として受け取るだろう。**聖霊**が主導してくれるのは、私がそれを要請したからである。私の**父**である**神**と神聖な**神の子**を代弁する**聖霊**は、私の求めを聞き、答えてくれるだろう。
〔W-pII.361-365 〔 〕内は著者による〕

ところが、それにもかかわらず、私たちは「テキスト」の中で、聖霊の役割とは、結果の世界――具体的なものごとからなる物質的な世界――の中で私たちを導くことではなく、私たちの問題の原因――罪や罪悪感の実在性への私たちの信念――について私たちの心を変える手伝いをすることだと教えられます。たとえば以下の一節です。

> 優しく笑いながら、**聖霊**はその原因〔その心がもっている罪への信念〕を知覚し、結果〔物理的な世界の中で経験される問題群〕には目を向けない。それ以外にどのようにして**聖霊**は、原因を完全に見落としてきたあなたの誤りを、訂正することができるだろう。**聖霊**はあなたに、それぞれの恐ろしい結果を**聖霊**のもとにもってくるようにと告げる。それにより、一緒にそのばかげた原因を見て、共に少しの間笑うことができるようにする。あなたは結果に審判を下すが、**聖霊**はそれらの原因にすでに審判を下している。そして、**聖霊**の審判によって結果は取り除かれている。〔T-27.VIII.9:1-5　〔　〕内は著者による〕

それでもやはり、私たちが、先に触れた『奇跡講座』の書かれている二つのレベルについて理解していなければ これらの記述は矛盾していると結論してしまうかもしれません。ちなみに、『奇跡講座』自体は具体的にこうしたレベルについて言及してはいません。この二つのレベルについてもう一度要約すると、以下のようになります。

第一レベル ―『奇跡講座』の形而上学的土台。唯一の実相である神や天国と、自我からなる集合的幻想の世界との間の違いに重点をおく。

第二レベル ―『奇跡講座』の実践的なレベル。幻である夢だけを扱う。ここでは、〈間違った心〉すなわち罪や罪悪感や恐れからなる自我の思考体系と、〈正しい心〉の中の、赦しという聖霊による訂正とが対比される。

神という主題についても、私たちは同様の矛盾らしきものを見出します。「ワークブック」レッスン七十一では、私たちは神に具体的な助けを求めるようにと告げられます。

私が何をすることをお望みですか。
私がどこに行くことをお望みですか。
私が誰に何を言うことをお望みですか。
〔W-pI.71.9:3-5〕

さらに、「ワークブック」第二部のすべてが、私たちから父なる神に捧げる祈りの形で構成されています。しかも、神は私たちの祈りを聞かないという、次のような非常に明白な記述があるにもかかわらずです。興味深いことに、これもやはり「ワークブック」からのものです。

世界が大事にしている数々の偶像の名で**神**に呼びかける者たちの卑小な祈りを、**神**が聞くと思ってはならない。そうした祈りが**神**に届くことはない。〔W-pI.183.7:3-4〕

そして、「教師のためのマニュアル」において、私たちは自分たちの言葉の本質について、以下のような記述を目にすることになります。

神は言葉を理解しない。言葉というものは、分離した心が自らを分離の幻想の中にとどめておくために作り出したものだからである。言葉は役に立つこともある。とりわけ初心者には、集中を助けることや、雑念の除去もしくは少なくとも制御を容易にすることに役立つ。しかし、言葉は象徴の象徴にすぎないということを、忘れてはならない。したがって、言葉は実相からは二重に隔てられている。〔M-21.1:7-10〕

明らかに、最初の一節は、答えをもらえると私たちが完全に期待しそうな一連の具体的な質問を、父なる神に対し尋ねるよう私たちに求めています。なぜこのような枠組みがとられているのかと言えば、その理由の一部は、分離の想念の内側にはもともと「私は自分で自分を創造したのだから、私が私の源だ」という宣言が含まれているからです。前述の第二レベルにおいて、すなわち幻である夢のレベルにおいて、神の助けを求めることにより、私は「自分で自分を創造した自立的存在ではなく、自分が作り上げたこの偽りの自己を取り消すために助けを必要としている者である」と認めていることになります。このようにすることで、自分は独立の存在だという想念が取り消されて、自分のすべての問いに対する答えはすでに与えられていることや、それらの問いはひとつのものであることを理解するのです。『奇跡講座』が強調するように、私たちの自我による分離の夢に対する聖霊の訂正は、すでに起こったことです。質問16において触れたように、時間はすでに終わっているからです。しかし私たちは、そうではないと信じ、そうではないことを経験しながら歩き回っているわけですから、訂正は、私たちが理解できる形において、私たちのもとに届くことになります。

結論を言えば、こうした二つの例を見ただけでも明らかにわかることは、イエスは、『奇跡講座』三部作を口述したとき、その構成については抜かりなく計画していたということです。そして、私たちの方が、イエスがこのカリキュラムをどのように統合して、私たちの思考体系を変化させるというゴールを達成するのかを、理解できていないということなのです。

質問62：『奇跡講座』は学習しなくてはならないものなのでしょうか？　それとも、ただ「ワークブック」を行ない、自分が導かれていると感じるま

まに、「テキスト」は無作為に読むだけで充分なのでしょうか？

『奇跡講座』を霊性の道として追求するにおいても、正しいやり方や間違ったやり方といったものはありません。けれども、『奇跡講座』を学ぶにおいて自我に導かれないように保証する助けとなる一定のガイドラインを提供することはできます。その一つは、常に、イエス自身が彼のカリキュラムについて与えている指示に立ち返る、ということです。この三部作は、大学における一つの講座のように構成されています。もう一度そのことを要約するなら、まず基本となる「テキスト」（教科書）があり、それは、教師（ここではもちろんイエス）が生徒に勉強させ、学ばせ、理解させたいとのぞむ理論的な事柄を含んでいます。次に「ワークブック」ですが、それはたとえば実習課程のように、「テキスト」の中で学んだことを実際に応用させるものです。そして「マニュアル」ですが、これは、すべての生徒たち、すなわちこのカリキュラムにおいては同時に教師でもある者たち全員に、ガイドラインを提供しています。

このことは、『奇跡講座』を学ぶ私たちにとって何を意味しているのでしょうか。単純に言えば、私たちはイエスから、『奇跡講座』の赦しの原理を実践することと共に、イエスが用意した教材を学習し、習得し、理解することを求められている、ということです。だからこそ、たとえば先に引用した文面〔W-in.8-9〕に見られたとおり、イエスは生徒たちが「ワークブック」の中で言われていることを理解するよう求めてはいないのです。しかし、「テキスト」については、イエスは、そこで述べられていることを彼らが理解しなくてよいとは言っていません。第一章の終わり近くで、以下のようにはっきりと述べています。

これは心を訓練するコースである。あらゆる学びは、注意力と何らかのレベルの学習を必要とする。このコースの後半には、最初の数章に深く根ざしている部分があるため、これらの章の注意深い学習を義務づけないわけにはいかない。また、あなたには準備のためにもそれが必要である。この準備なしでは、後に続く内容があまりにも恐ろしく思えてきて、それを建設的に用いられなくなるかもしれない。しかし、はじめの部分を学習していくうちに、後に詳しく述べられる内容を示唆する要点のいくつかが見え始めるだろう〔T-1.VII.4　傍点は著者による〕

実際のところ、『奇跡講座』を口述している間、イエスは、ヘレンとビルに対し、これらの記録(イエスは口述資料をこのように呼んでいた)を学習するようにと、しつこく主張していました。そして、まるで大学の教授が受講生に向って、教わったことにしっかりと注意を払うように、そして彼の講義を書き留めたノートを学習するようにと要求するような口調で語っていました。イエスが具体的に求めている「テキスト」の学習をしないということは、イエスの願いとは真っ向から対立することです。「テキスト」一章の末尾に出てくるこれらの非常に明確な指示を無視するとすれば、それは私たちの「権威の問題」を示すもう一つの事例と言えます。つまり、私たちは、イエスの講座をどのように学んでいくかはもちろん、何が自分の最大の利益であるかは、イエスよりも自分の方がよく知っていると信じているということになります。

「ワークブック」については、このカリキュラムを教える側面として意図されてはいないので、「テキスト」の場合に求められているようなやり方で読んだり学習したりする必要はありません。とはいえ、もちろん、そこに指示されている通りに練習する必要はあります。しかしながら、以上を踏まえた上で付け加えるなら、私たちは、人々が『奇跡講座』を勉強するにおいて自らの理解を強化するために、レッスンをひととおり終えた後のいずれかの時点で、「テキスト」の場合と同様のやり方で、「ワークブック」を注意深く読んでみるとよいだろうと思っています。多くの人々が、そこに見出すものに驚愕することでしょう。一年間の訓練プログラムでレッスンを行なっていた時にはたやすく見過ごされていた深い教えが、そこに見出されるはずです。

質問63. 子供たちは『奇跡講座』を教わるべきでしょうか？

ヘレン自身が、『奇跡講座』については、「ついに、知識人のための霊性の教えが与えられた」と述べるのが好きでした。私たちの見解では、子供たちは彼らの両親や先生といった人々がその教えを生きていることによってのみ、このコースを教わることができるだろうと思えています。ご承知のように、子供たちは多様性の世界の中にあって、物理的、心理的、社会的要求に対処するために莫大な量の情報を学ばなければならないという重荷を、幼い双肩に背負っています。その彼らに、この世界が幻想や夢の世界であり、しかもすべてが神に対する攻撃として作り出されたと教えようとすることは、そうした学びを混乱させるだけでなく、この世界とどのように関わるべきか

について も混乱させることになります。したがって、『奇跡講座』の子供版を望むということは、このコースの肝心な点を見失っているということです。『奇跡講座』を『奇跡講座』としているのは、その赦しの教えを一元論の形而上学と統合させているという点です。その土台がなければ、もはや『奇跡講座』ではありません。

もちろん、子供たちに、「神は愛に満ちた創造主であり、わが子を罰したりはしない」ということを、言葉や行ないにおいて教えることは助けになります。そして、そうしたことを教える霊性の道の中で、子供版を作るのに最適なものは数多く存在しています。他方で、『奇跡講座』は、その本質を失わずに、子供版を作ることはできません。

とはいえ、大人として子供たちに関わる人々で『奇跡講座』も学んでいるという人々は、「自分の罪のゆえに神に罰せられるだろう」という前提と共に結論を下す自我の思考体系を、子供たちが取り消すのを助けることができます。両親やその他の権威者たちは、夢の中の登場人物としては必然的に神を象徴する存在ですから、彼らには、罪悪感と処罰という自我の思考体系か、赦しを通して間違いを訂正する聖霊の思考体系かのどちらかを強化できる力があるのです。

質問64. 『奇跡講座』によれば、子供たちはどのように育てられるべきなのでしょうか？

　このコースは、「このカリキュラムは個々人に即したものとなっており、そのすべての側面が聖霊の特別な配慮と指導のもとにある。」〔M-29.2:6〕と述べています。したがって、『奇跡講座』は、どのように子供たちを育てるかといったことを含めて、どんな具体的な行動についても教えていません。しかし、あなたがひとりの親であれ、子供たち相手の仕事をする人であれ、あなたには継続的に聖霊に助けを求める責務がある、ということは教えています。そのようにすることで、あなたの思考や言動のすべてが、あなたの自我ではなく〈正しい心〉を起点とするものになります。

　『奇跡講座』を学ぶ人々の多くがこれまで私たちに語ったところによれば、このコースを学び始めたとたんに、自分の子供たちの行動の是非を判断することを避けたくなったとのことです。さらには、子供たちを裁いて、彼らに間違っていると告げることを恐れるあまり、躾《しつけ》をすることまで避けたくなったとのことです。これは、イエスが教えていることの歪曲と言えます。まずはじめに、親であることや子供たちのすぐ近くで働くことなどは、自分で選んだ非常に中身の濃い教室だと理解することです。その子自身が明らかに自分の最善の利益を害する何かを選ぼうとしているときに、何がその子の最善の利益であるか — 子供には理解することができない決断 — について絶え間なく判断する必要があるからこそ、それは非常に中身の濃い教室なのです。イエスは「テキスト」の中で以下のように述べています。

> 幼児はナイフやはさみを取り上げられたなら激しく泣きわめくが、取り上げられなかったなら、自分自身を傷つけかねない。(T-4.II.5:2)

次に、正しい心にアクセスするために自分は邪魔せずにいる方法を学ぶことや、その子に対し罪悪感や怒りをもたずに「だめです、こういうことをしてはいけません」と教えて躾《しつけ》をするといったことは、その人自身の成長を示す非常に重要な指標となり得ます。

ですから、『奇跡講座』によれば、その他のすべてと同じく、子供たちを育てるのに正しい方法や間違った方法といったものはなく、一定の方法もないのです。あるのはただ、赦しを実践するときに聖霊の助けを求めるための個々人の方法だけです。聖霊の愛は常に同一であり、その愛は、一つひとつの特定の状況における一人ひとりの特定の個人を通して、特定の形で表現されるのです。私たちが責任をもって為すべきことは、聖霊に助けてもらいつつ自分の自我の妨害を取り除くことであり、それにより、――相手が子供であれ大人であれ、すべての対人関係において――自分がさらに直接的にこの愛に導かれるようにすることです。

質問65．『奇跡講座』との関連で集うグループのことはどう思われますか？

まず初めに、『奇跡講座』には、グループを形成することや他の人たちと出会うこと、あるいは形態のレベルでつながり合うことなどについては、まったく何も書かれていないということを述べておきましょう。このことの重要性は、『奇跡講座』を学ぶプロセスは心のレベルにおいて起こるということや、それが本当は独習用のコースだということを物語っているという点にあります。このコースの重点は常に、心の中でイエスまたは聖霊とつながること、そして、外的な関係のごとく見えているものや、それに関連した何らかの状況を、違った見方で見ることができるように助けを求めることにあります。これが赦しの意味です。自らが肉体の中にあって他の肉体とやりとりするという私たちの経験が教室となり、その教室の中で、私たちは自分の心を変えるための助けを内なる教師に求めるのです。そのとき、ただ一つの真に意味のあるつながり合いは、イエスまたは聖霊とのつながり合いであり、それだけが常に、『奇跡講座』を学ぶ私たちが注意を向けるべきものです。そしてそれが、「テキスト」の中で「大いなるつながり合い」〔T-28.IV〕と言われているものです。このセクションで述べられている通り、聖霊は分離した神の子ら全員の心の中に存在しており、聖霊とつながることで — 繰り返しますが、これが赦しの真の意味です — その人はすでにあらゆる人とつながっていることになります。「テキスト」の実際の文面は以下の通りです。

> **聖霊**はあなた方両方の心の中に存在している。**聖霊の一体性**をそれ自体から分離させるような隔たりは存在しないので、**聖霊**は**一なるもの**である。あなた方の肉体の間の隔たりは問題ではない。なぜなら、**聖霊**の中でつながっているものは常にひとつのものだからである。〔T-28.IV.7:1-2〕

ですから、赦しという目的のためには、「肉体と肉体の間の隔たり」があろうとなかろうと関係ないのです。私たちはすでにつながり合っています。赦しは、私たちの心と心の間に存在しているかに見えている隔たりを取り消し、私たちがお互いとひとつであり、源ともひとつであるという事実を、私たちに再び自覚させます。

『奇跡講座』を学ぶ人々はこの「大いなるつながり合い」のことをあまりにもよく忘れてしまいますし、外的に他者と一緒に居ることがしばしばもたらす心地よさのゆえに、イエスがつながり合いについて論じているときに、そうしたことが彼の語っていることだと感じてしまいます。けれども、真実には、彼の焦点は常に私たちが自分と他者との間に築いた特別性という防壁を取り除くことにあります。この特別性の防壁とは常に、私たちの〈間違った心〉の中の想念です。そして、聖霊とは、私たちの〈正しい心〉の中にある想念です。ですから、私たちは常に、特別性という自我の想念を、赦しという聖霊の想念のもとへと運んでいくことに注意を向けていなくてはなりません。繰り返しますが、どちらの想念も心の内側にあります。そして、私たちは、そのようにしたときにはじめて、他者との外的なつながり合いが本当に聖霊からのものであり、自我からのものではないと確信することができます。

もちろん、『奇跡講座』の受講生が外的に他の受講生たちと集い合うことは、何ら悪いことではありません。けれども、私たちが注意を向けるべき対象は、行動ではなく、常に、自分の行動を導く案内人として自らが選ぶ内なる教師です。ですから、要は、このコースを学ぶことに関連していようといまいと何かをしようとするときには、それを実際にやり始める前に、全力を尽くして、自分の自我の関与をイエスのもとに運ぶことを真摯に試みるということです。

もし自分が、何らかの『奇跡講座』のグループや組織などに所属することへと導かれているように感じるとしたら、私たちは、常に、そうしたグループ活動が個人的に自分が取り組むべきこと ― 三部作自体を学習し実践すること ― の代替とならないように、警戒していなくてはなりません。さもなければ、いとも簡単に特別性にあやつられてしまうことになります。そして、特別性とは、すでに見てきたように、何かを神の愛の代替に使用することだと定義されます。最初に述べた点を繰り返すなら、イエスが『奇跡講座』の中で、グループを作って集い合うことについて何も述べていないことには、それなりの理由があるのです。ですから、私たちは常に、イエスが『奇跡講座』において唯一重点を置いている事柄、すなわち、赦しを実践しようとする意欲に基づいた一人ひとりの生徒と聖霊との関係に、注意を払っていなくてはなりません。

質問66．私はセラピストを必要としていますが、『奇跡講座』を学んでいるセラピストだけを望んでいます。または、少なくともこのコースに馴染みがあり、その教えに共感するような人を望んでいます。どうしたらいいでしょうか？

セラピストのひとりとして、私（ケネス）も国内の『奇跡講座』の受講生たちから、このコースを学んでいるセラピストを推薦してほしいと、よく頼まれます。そのようなとき、私は、たいてい次のように尋ねます。「もしあなたに外科手術が必要だとしたら、あなたは『奇跡講座』を学んでいる外科医を望みますか、それとも腕のいい外科医を望みますか」と。同様に、セラピーを必要とする人なら誰もが望むのは、しっかりとした研修や指導を受けてきた人であり、話が通じ、信頼できる人物です。身近に本職のセラピストたちが大勢いるのに比して、『奇跡講座』を学んでいる人でこうしたセラピストとしての資格に合致する人の数はごくわずかです。単に『奇跡講座』を学んでいて、他者を助けるための導きを聖霊に「求める」というだけでは、およそ充分ではありません。特に、すでに考察したとおり、そうした「セラピストたち」の中にたいていは存在している特別性の大きさを思えば、それだけでは不充分なのです。

したがって、もし、『奇跡講座』の受講生が、『奇跡講座』を学んでいる本職のセラピストを見つけるなら、それはそれでかまいません。しかし、もしその受講生が、本当に細やかな感性をもった有能なセラピストを必要としていて、そのようなセラピストが『奇跡講座』を学んでいないという場合、そのことが、その人を自分のセラピストとして選択しない理由にはなりません。精神療法を求めている人は、その道の専門家ではない『奇跡講座』の受講生たちが運営する精神療法の「研修プログラム」については、用心しなくてはなりません。本職のセラピストではないそのような人々が、そうした「研修を受けた人々」を他の人々に推薦したり、「奇跡講座セラピスト」紹介リストを維持していたりする場合も、要注意です。

繰り返しますが、あなたは、自分が開腹手術を受けるとき、単に、『奇跡講座』を学ぶ人々により訓練された人物に執刀してもらうよりも、経験豊富で有能な医師たちにより訓練された有能な外科医に執刀してもらいたいはずです。個人的な問題について助けてもらうためにセラピストを選ぶときも、少しも違いはありません。精神療法における正規の研修プログラムも、イエスが小冊子「精神療法 ― その目的、方法、そして実践」の中で指摘しているように〔P-3.II.2:2-4〕、自我の思考体系から自由ではないかもしれません。しかし、正規のプログラムは、患者が必ず有能な専門家の手に任されるようにするために、少なくとも、専門的知識からなる堅実な土台を形成するだけの一定期間の研修や指導者つきの実体験を保証しています。人々は、自我の妨害を克服するために非常に有効な助けを、『奇跡講座』を学んでいないセラピストから得ることができますし、さらに言えば、その他のどんな霊性も学んでいないセラピストからも得ることができます。

質問67.『奇跡講座』が普遍的な教えであるなら、なぜこのように宗閥的な（すなわち、キリスト教の）言葉でもたらされたのでしょうか？それは

全世界的な適用性を限定するのではないでしょうか？

『奇跡講座』の根本的なメッセージ ― 「神の子は無罪であり、その無垢性の中に救済がある」〔M-1.3:5〕― は、普遍的なものですが、その形態は、確かに普遍的ではありませんし、普遍的なものとして意図されてもいません。すでに、これは「特別なカリキュラムである」といった意味のイエスの言葉を引用しましたが、この言葉には、明らかに、『奇跡講座』が特別な聴衆を対象としていることが反映されています。すなわち、キリスト教と二十世紀心理学から強い影響を受けながら育ってきた西洋世界という聴衆です。（とはいえ、その影響はそれほどキリスト的なものでも精神的なものでもありませんでしたが。）このことが、『奇跡講座』の言語が非常に西洋的であることの、さらに具体的に言えば、その記述がキリスト教的であり、精神力動的なものであることの理由です。私たちが『奇跡講座』と呼ぶ特別な霊性の道として、このコースは、単に、全世界的な適用性をもつことを意図されてはいないのです。他の文化や宗教的伝統においては、それらに独自の霊性の道がいくつもありますし、あり続けるでしょう。それは、西洋世界における私たちに、今や、その他の多くの道と共に『奇跡講座』があるのと同じです。本書において私たちが繰り返し指摘してきたように、「すべての人々との普遍的なつながり合い」が、普遍的なコースの教える内容ですが、人々がそのレッスンを学ぶときには、学びの具体的な方法が、前述の「特別なカリキュラム」の様々な形態を構成します。そして、『奇跡講座』は単にその諸形態の一例なのです。形態というものは、ほぼその定義からして、それぞれが同じではなく、ひとつに溶け合うことのできないものです。したがってそれらは、普遍的なもの、あるいはすべての人々のためのものではあり得ません。だからこそイエスは「用語の解説」の序文の中で次のように教えているのです。前にも引用しましたが、あらためてこの重要な箇所を今回は長めに引用します。

普遍的な神学は不可能だが、普遍的な体験は可能であるばかりか、必要である。このコースは、その体験へと向かうものである。〔C-in.2:5-6〕

この「普遍的な体験」とは、言うまでもなく、愛のことであり、『奇跡講座』はそれを取り戻すための一つの形態にほかなりません。

質問68．なぜ『奇跡講座』の言語は、このように難解なのでしょうか？ なぜ、イエスはこのコースをもっとわかりやすく書かなかったのでしょうか？

霊性の道の信奉者たちは、往々にして、もともとのひらめきを与えられたままにしておくよりも、それを変化させ、自分たちの考える「あるべき姿」にしてしまいたくなるものです。そして、それと同じ現象が『奇跡講座』についても起こっています。私たちは、そこにあるものを受け入れる態度を身につけ、それに順応していくというよりも、『奇跡講座』の方を自分たちに順応させたくなるのです。『奇跡講座』の中に見出される文体についても、同じことが言えます。その文体は、時に、多くの人々にとって、迂遠であったり、謎めいていたり、曖昧であったり、とにかくあまりに難解に見えます。

けれども、『奇跡講座』がこのような文体であることには、一つの理由があるのです。そしてそれを変えたいと望むことは、イエスの教授法を大きく損なうことになります。『奇跡講座』は、私たちがそこに何が書かれているかについてしっかりと注意を払うことが必要になるような形で、書かれているのです。これは、大急ぎで読むことのできる本ではありません。（ここでは、主に「テキスト」のことについて話しています）ほとんどすべての受講生たちが、一つの文が理解できるようになる前に、その文を何度も読み返す必要があるといったことを経験してきましたし、代名詞が正しくは何を指しているのかがわからなくて苦しんできました。しかし、彼らがイエスの意図に忠実であれば、たいてい気づくことになるのが、一つの文や一つの箇所について意味を解き明かそうとするプロセスそのものを通して、それをしなければ受け取れなかったはずのレベルの意味を発見できたということです。先ほど論じた、イエスが彼の生徒たちに勧める「注意深い学習」というのは、まさに文字通りに意図されていることです。そしてこのコースの文体は、真剣に学ぼうとする人々が、イエスの求めている注意力と専心を差し出すよう保証するのです。彼らがその教義を理解したときには、『奇跡講座』が本当はいかに「単純で明快で直裁な」もの―イエス自身がこのコースを表現するのに用いている言葉―であるかに、仰天することでしょう。

質問69.『奇跡講座』は自分ひとりで習得できるものなのでしょうか？ それともパートナーが必要でしょうか？

すでに触れたとおり、『奇跡講座』は本来、独習用のカリキュラムです。その人の人生 ― 過去、現在、予期される未来 ― が、その教室です。「マニュアル」において提示されている対人関係の三つのカテゴリー、すなわち、表面的な関係、束縛性のある密度の濃い関係、そして一生続いていくような関係〔M-3〕のいずれに含まれるものであれ、その人の関係のすべてが、赦しの実践に必要な「パートナー」をもたらします。そうした実践のために「定められた」パートナーといったものは必要ではありませんし、質問31で簡単に論じたように、そのパートナーが『奇跡講座』を学んでいる必要もありません。どんな人でも、誰であってもいいのです。自分のパートナーは霊性について同じような考えをもつ者、さらに言えば、『奇跡講座』を学んでいる人でなくてはならないと主張することは、形態と内容を混同することであり、このコースが取り消そうとしている特別性の罠に陥ることです。先に論じた通り、つながり合いについての『奇跡講座』の定義は、肉体やいかなる種類の外的なものごとにも関係ありません――「心はつながっているが、肉体はそうではない」〔T-18.VI.3:1〕と言われている通りです。つながり合いは、イエスまたは聖霊とつながることに関係しているのであり、彼らの中では、〈一なる子〉の全員がひとつであることが見出されます。各々がどんな霊性の道を選んでいようと、あるいは霊性の道に無関心であろうと、全員が一なるものであることがわかるのです。

したがって、誰を相手に赦しのレッスンを練習するかは、実際には問題ではありません。罪悪感の投影は、どのような形の関係に投影されようと、どのような性質の人物や状況に投影されようと、本質的に同じものであり続けます。私たちが自分の人生と呼ぶ夢の中に居るあらゆる人々やものごとが、「自分が心の外側に知覚して、実在するとしたものは、自分の心の内側だけに存在している」ということを、認識できる機会を提供しています。ですから、その人が『奇跡講座』を学ぶためには、教室としてのその人の人生と、それを違った見方で見る方法をイエスから教えてもらおうとする意欲さえあれば、他には何も要求されないのです。

質問70・『奇跡講座』は、世俗的なことで気を散らされることのない隠遁生活の中で実践するのが、一番よいのでしょうか？

この質問についてよくよく考えるなら、それが意味をなしていないということが認識されます。私たちは個人的な夢の内側では常に独りです。私たちの心の外側にはいかなる世界も存在していないからです。自分を世界から分離させ、世界から離れたところに移動することは、すでに論じたように、「誤りを実在のものにする」という自我の罠に陥ることにすぎません。私たちは、再び問題を――この場合は、せわしなくて気を散らす、分離と多様性の世界を――心の外側のものとして見たということであり、それゆえに、それを実在のものにしたのであり、決して取り消しできないものにしていることになります。真実には、問題は、せわしなくて気を散らす、分離と多様性の想念であり、それは私たちの心の中にあります。「外側の世界を変化させることにより私たちの内なる世界の問題を解決しようとする」というのが、『奇跡講座』が「魔術」という言葉で意味していることの実用的な定義です。ですから私たちが、自分の人生という教室を後にすることによってのみ『奇跡講座』を学んで、習得できると信じるとしたら、ほぼ確実に言えることは、私たちは赦しのレッスンを決して学ばせないように取りはからう自我の導きに従っているということです。つまり、知らぬ間に赦しのレッスンから自分自身を分離させていたということです。

例外は常に存在しますが、『奇跡講座』を学ぶほぼすべての人々は、今自分が居るその場所でこのコースの原理を実践すべきだと言って差し支えないと思います。だからこそ、イエスは「教師のためのマニュアル」に、「神の教師は生活環境を変える必要があるか」という質問を含めたのです。彼の答えは、次のようなものです。大方の受講生にとって、「新任の神の教師の訓練において、心構えを変化させることがその第一歩ではないという場合は、非常に少ない。」〔M-9.1:4〕そして、「すぐにも」自分の状況を変えるよう導かれる者たちは、「概して特別なケースである」〔M-9.1:6〕と。当然ながら、『奇跡講座』の受講生たちの多くは、自分がその特別というカテゴリーに入ると考えます。大半の人々の人生は苦痛に満ちたものであり、かなりの精神的外傷《トラウマ》をとどめるような環境や、対人関係や、肉体的条件で埋め尽くされています。ですから彼らにとって、『奇跡講座』を再解釈したくなる誘惑や、聖霊が彼らに、「仕事や家族を後にし、ただ聖霊とともに『奇跡講座』を学び、他の人々に『奇跡講座』

を教えなさい」と「告げる」のを「聞きたくなる」誘惑を避けることは、難しいのです。次のことを覚えておくと常に助けになります。すなわち、あなたがまず最初に気を散らされることを望んだのでない限り、したがってあなたに、気を散らされる必要があったのでない限り、「世俗的なことで気を散らされること」はあり得ないということです。イエスは「テキスト」の中で、邪悪さという文脈において次のように述べています。

邪悪な世界の証人は、世界の中に悪の必要を見たもののためにしか語れないということを忘れてはならない。(T-27.VII.6:2)

肉体と同じように世界も、それ自体ではニュートラルなものです。それはただ、私たちがそれに対し私たちのために為すよう求めることを、為すだけです。

『奇跡講座』を学ぶ人々には、このコースの起源を思い出していただきたいものです。それは砂漠の中や、聖なる山の頂上ではじまったわけではなく、ヘレンは修道院の中で「神のために生き埋めになった」修道女ではありませんでした。イエスは、ビルとの非常に波乱に満ちた職業的関係の最中《さなか》にいるヘレンに、『奇跡講座』を口述したのです。当時は、二人とも、世界でも最も忙《せわ》しい都市のど真ん中にある、世界でも最大級にして非常に高名かつ非常に自我に根差した医療センターの内の一つにおける、ひどく慌ただしい職場で、多忙な毎日を送っていました。「訓練は常に、個々人に即したもの」〔M-9.1:5〕ではありますが、『奇跡講座』の歴史自体が、私たちの「わずかな意欲」は通常の生活の中で『奇跡講座』を学ぶことへと向けられるべきだという、確かな証拠と実例を提供していると思います。

質問71：これまでに、『奇跡講座』を完全に学ぶことに成功した人々（それゆえ実相世界に居る人々）はいますか？ それは誰ですか？

この質問がワークショップの中で出てくると、私たちはときに（真面目な顔で）、「そうした人々のリストはありますが、事務所の金庫に鍵をかけてしまってあります」と答えたりします。けれども、本当のところ、この質問には誰も真に答えることはできないはずです。どうして、私たちにそのようなことがわかるでしょう。まずはじめに、真に実相世界の中に居る人は、その事実を触れ回ったりはしないはずです。次に、人々は、通常は知覚され得る一定の外的な基準にそって、『奇跡講座』の学びに「成功する」といったことを考えますが、そうした基準は明らかにすべての人々により共有されることはないからです。この最後の点について説明するために私たちが好んで用いる事例があります。中西部のある都市において週末のワークショップが終わったときのことです。ひとりの青年がケネスの所にやってきて言いました。「あなたは非常に進歩した人だということがわかります。なぜなら、あなたはタバコを吸わず、コーヒーも飲まず、バスルームに駆け込んでばかりいることもないからです。」このような「霊性」の基準とされるものには、他に、「自分とひとつである兄弟たちを信頼する」〔W-pI.181〕がゆえに、車や家のドアに鍵をかけないとか、「未来を神の手にゆだねる」〔W-pI.194〕がゆえに、保険をかけない、といったものが含まれることさえあります。当然ながら、重要な点は、霊的な進歩に関するそうした判断は、常に、外的な事柄に基づいて下されているということです。そして、形態の「霊的な」外観にかかわらず、そうした判断を下している人が、形態の背後にある内容が何であるかについてはわかっていないのです。

さらに、このような質問に暗示されているのは、『奇跡講座』のゴールを達成できないかもしれないという潜在的な恐れです。ゴールを達成した人々についての話を聞けば、イエスにより表明されている彼の生徒たちへの信頼だけでは足りないと感じるときでも、しばしば外面的な証拠を提供してもらえることになります。

結論を言えば、そのような霊的な特別性の想念に耽りたくなる誘惑があるときにはいつでも、自分自身の贖罪のレッスンに焦点を合わせ、それにより、誰がそれを「成し遂げたか」あるいは「成し遂げなかったか」といったことを考えて意識が散漫になるのを回避することです。私たちの心に平安が戻ってきたなら、そのような質問はすでにそこから消え去っていることでしょう。

質問72．知らない人や家族の一員や友人から、『奇跡講座』とは何かと聞かれたら、何と言えばよいのでしょうか？

『奇跡講座』について尋ねているのが、知らない人であれ、家族の一員や友人であれ、基本的には、その質問への間違った答え方も正しい答え方もありません。結局のところ、どの人も、内面に向かい、自我としての自己を脇に退け、そのあと、どのように答えるべきかについて助けを求めなくてはなりません。具体的に言うと、他の人に『奇跡講座』について話をする際に介入してこようとする様々な形の自我の特別性に対して、しっかりと注意を払うということです。そうした特別性には、たとえば次のような事柄が含まれます。（1）イエス自身からもたらされたこのように霊的に進歩した教えに携わっている自分は重要な人間だと感じること。それゆえに話を聞いている相手が、その人自身が『奇跡講座』を学んでないがゆえに落胆はしないまでも、その話から感銘を受けることを望む。（2）『奇跡講座』の作者であり中心人物であるイエスについての居心地の悪さ。（3）『奇跡講座』自体についての居心地の悪さ ―「神はこの物理的または物質的な宇宙を創造しなかった」という、このコースの重要な形而上学的原理をはじめとする急進的な教えについては言うまでもなく、その宗教的かつ際立ってキリスト教的、家父長的な言葉遣いについての居心地の悪さ。

それゆえ、『奇跡講座』について話すときに使用すべき正しい言葉や正しくない言葉といったものはありませんが、正しいプロセスはあります。そしてそれは、自分の自我を脇に退け、最も愛情に満ちた言葉が自分を通して流れ出るように、イエスまたは聖霊に助けを求めることを伴います。話をするときに、真に彼らを導き手とするならば、必ず、『奇跡講座』の完全性が保たれると同時に、相手の人の必要や理解のレベルを感知できるところまで自由でいられるということになります。ここにおいても、その他の場合と同じく、具体的な状況の如何に関わりなく、プロセスは常に同一だということがわかります。だからこそ、イエスは何度も、彼の講座のことを単純なものだと述べているのです。

『奇跡講座』引用/参照箇所 索引

テキスト

受講生のためのワークブック

教師のためのマニュアル

用語の解説

精神療法

祈りの歌

訳者あとがき

初めて私が『奇跡講座』の原書 A Course in Miracles に出会ったのは一九九二年のことでした。その「まえがき」を読んですっかり魅せられてしまった私は、それから数年の間、友人たちと共に熱心に原書を読み込み、邦訳を試みたりしていましたが、その後、様々な経過をへて、FIP／FACIM が支援する A Course in Miracles 邦訳プロジェクトの一員となり、ケネス・ワプニック先生の指導を受けるようになりました。

指導といっても、先生の方から特に何らかの具体的な指示があったというわけではありません。私が原書を読んで邦訳しようとしたときに、よくわからないと思える箇所や、問題と思える箇所があれば何でも質問し、相談するように、と言われただけでした。そのため最初のうちは、質問はすべて英語で書かなくてはならないということもハードルとなって、「自分には理解できていない」と明白に認識されていた語句についてのみ、簡単な質問として書き送ったことを覚えています。

ところが、そうした質問に対するワプニック先生からの回答には、その部分の説明がなされていただけではなく、しばしば、原書に散在するいくつもの関連箇所についても言及されていました。ですから、当然、私もそれらの箇所をあらためて読み直すことになったわけですが、そのたびに、「そうか、ここにヒントがあったのか・・・」と、目から鱗がはがれ落ちるような、さらにはパズルの欠けていたピースが見つかったときのような爽快な気持になったことをよく覚えています。

そうして、『奇跡講座』というこの厖大なコースの一つひとつの文に――一見するとわけが分からないように思えていた文も含めて――深い含蓄があり、それぞれがその教義の全体としっかりとつながっているということが、実感されはじめたのです。

自分の未熟な理解が自覚されるにしたがい、私がたずねる質問の数は急増していきましたが、それとともに、その当時、このコースの概略を理解するための大きな助けとなってくれたのが、本書 The Most Commonly Asked Questions about A Course in Miracles でした。『奇跡講座』を読み進める中で何らかの疑問がわいてくるたびに、それと似たテーマの質問を探しては参照していたものです。

あれから二十年近くの時がたち、こうしてあらためて本書を入念に読み直す機会を与えられたわけですが、どのような質問に対しても『奇跡講座』本体における関連箇所への言及がなされ、私たちをこのコースのエッセンスにまで導いてくれるワプニック解説の醍醐味を再確認することになりました。

この邦訳版を通して、その醍醐味を読者の皆様と共有することができれば、望外の喜びです。

最後になりましたが、本書を刊行するにあたり、さまざまな形でご協力くださった皆様に感謝申し上げます。

二〇一五年 三月

澤井美子

監修者あとがき

本書は、The Most Commonly Asked Questions about A Course in Miracles（初版一九九五年）の邦訳である。この原題を直訳すると、『奇跡講座について最もよく聞かれる質問』となるが、邦訳名としては、赦しを学ぶコースにおける「質疑応答」選集であることがわかりやすいように『赦しのカリキュラム』とし、さらに原題に近い意味を表わす副題を加えた。

また、この翻訳の役割分担について、一言述べておく。本書の翻訳は、澤井美子さんがかなり以前から、最初は共訳の下訳のつもりで訳し始めてくださっていたものだったが、時間制限その他の理由で、私たちが共訳に近いレベルの共同作業をしたのは、一番長くて難しい第三章のみであった。他の章については、私自身は、澤井さんの最初の訳のわかりにくいところや、文意やニュアンスや理論面での問題箇所を指摘し、書き換えるにとどめ、最終的には原稿全体を二人の合意できる形に仕上げた。

このような作業は、厳密には「監修」と呼ぶにふさわしいかどうか定かではなく、実際、「監修」という言葉が伝える消極的な印象よりもずっと深く積極的に翻訳原稿と向き合う作業であったのだが、純粋な「共訳」とは言えないことも確かなので、とりあえず、「監修」という表記とさせていただいた。

本書が、『奇跡講座』の長い学びの道を歩むための基礎を築く一助として、多くの皆様のお役に立てれば幸いである。

二〇一五年三月

加藤三代子

【著者 略歴】

ケネス・ワプニック（1942 年—2013 年）：

心理学博士。1968 年、アデルファイ大学（ニューヨーク市）より、臨床心理学の博士号を取得。1972 年にヘレン・シャックマンとウィリアム・セットフォードに出会い、間もなく『奇跡講座』を自らのライフワークと自覚し、その編集作業に加わる。その後、自ら精神療法士として『奇跡講座』の原理を実践すると共に、執筆や講演活動に従事。1983 年には、妻グロリアと共に、『奇跡講座』教育機関である「奇跡講座のための財団〔FACIM〕」を設立し、数多くの講義やセミナーを実施。平行して『奇跡講座』出版元である「内なる平安のための財団 (FIP)」の理事を兼務。著書：Forgiveness and Jesus ; A Vast Illusion ; The Journey Home その他、著作ならびに講義録多数。

グロリア・ワプニック：

ニューヨーク市立大学ハンター校より歴史学の修士号取得（1970 年）。ニューヨーク市内の高等学校にて教鞭をとるかたわら、生徒指導部長を務める。『奇跡講座』との出会いは 1977 年。著書：Awaken from the Dream (共著）

【監修者、訳者 略歴】

加藤 三代子：

東京生まれ。米国在住。米国ペンシルベニア州マンスフィールド州立大学卒業（イギリス文学専攻。キリスト教と西洋哲学にも親しむ）、オハイオ州立大学大学院卒業（日本語言語学・日本文学で修士号取得。更に、政治学科国際関係論修士課程でコースワークを修了）。米国人学生対象の日本語教育を経た後、長年にわたる多分野の翻訳経験多数。『奇跡講座』を翻訳するために、十数年にわたりケネス・ワプニックから『奇跡講座』の理論と実践について学ぶ。『奇跡講座』学習支援サイト JACIM (www.jacim.com) を運営。訳書には『奇跡講座』（三部作）、『奇跡講座入門』、『奇跡の原理』、他。

澤井 美子：

東京外国語大学卒業。ヒンディー語専攻、インド哲学を学ぶ。ビジネス・産業技術等の通訳、翻訳を経て、1992 年から独自に『奇跡講座』原書の翻訳を始め、その後、FIP/FACIM が支援する『奇跡講座』翻訳プロジェクトの一員となる。同翻訳チーム主任翻訳者の加藤三代子と共に、FACIM の教材を日本語で提供する『奇跡講座』学習支援サイト JACIM を運営。訳書：『天国から離れて』他。

The Most Commonly Asked Questions About
A COURSE IN MIRACLES

赦しのカリキュラム（価格改定新版）

奇跡講座について最もよく聞かれる72の質問と答え

発行
2015年4月30日　初版第1刷発行
2023年3月20日　改訂第2刷発行

著者
ケネス・ワプニック／グロリア・ワプニック

翻訳
澤井美子

監修
加藤三代子

発行者
富澤勇次

発行所
中央アート出版社
CHUO ART PUBLISHING CO.,LTD.

東京都江東区常盤1丁目18番8号
電話03(5625)6821（代）
振替00180-5-66324
●
http://www.chuoart.co.jp
E-mail:info@chuoart.co.jp

印刷・製版・製本
中央精版印刷株式会社

装丁
山上洋一

ISBN978-4-8136-0770-0　C0011